Springer-Lehrbuch

Anne Röthel

Fallrepetitorium
Familien- und Erbrecht

Springer

Prof. Dr. Anne Röthel
Bucerius Law School
Hochschule für Rechtswissenschaft
Jungiusstraße 6
20355 Hamburg
Anne.Roethel@law-school.de

ISSN 0937-7433
ISBN 978-3-540-70576-5   e-ISBN 978-3-540-70577-2
DOI 10.1007/ 978-3-540-70577-2
Springer Heidelberg Dordrecht London New York

Die Deutsche Nationalbibliothek verzeichnet diese Publikation in der Deutschen Nationalbibliografie; detaillierte bibliografische Daten sind im Internet über http://dnb.d-nb.de abrufbar.

© Springer-Verlag Berlin Heidelberg 2009
Dieses Werk ist urheberrechtlich geschützt. Die dadurch begründeten Rechte, insbesondere die der Übersetzung, des Nachdrucks, des Vortrags, der Entnahme von Abbildungen und Tabellen, der Funksendung, der Mikroverfilmung oder der Vervielfältigung auf anderen Wegen und der Speicherung in Datenverarbeitungsanlagen, bleiben, auch bei nur auszugsweiser Verwertung, vorbehalten. Eine Vervielfältigung dieses Werkes oder von Teilen dieses Werkes ist auch im Einzelfall nur in den Grenzen der gesetzlichen Bestimmungen des Urheberrechtsgesetzes der Bundesrepublik Deutschland vom 9. September 1965 in der jeweils geltenden Fassung zulässig. Sie ist grundsätzlich vergütungspflichtig. Zuwiderhandlungen unterliegen den Strafbestimmungen des Urheberrechtsgesetzes.
Die Wiedergabe von Gebrauchsnamen, Handelsnamen, Warenbezeichnungen usw. in diesem Werk berechtigt auch ohne besondere Kennzeichnung nicht zu der Annahme, dass solche Namen im Sinne der Warenzeichen- und Markenschutz-Gesetzgebung als frei zu betrachten waren und daher von jedermann benutzt werden dürften.

Einbandentwurf: WMXDesign GmbH, Heidelberg

Gedruckt auf säurefreiem Papier

Springer ist Teil der Fachverlagsgruppe Springer Science+Business Media (www.springer.com)

Vorwort

Von einem Fallrepetitorium darf sich der Leser doppelten Gewinn erhoffen: Einsichten in die Technik der Falllösung und zugleich eine Wiederholung des Rechtsstoffes. Beides sind anspruchsvolle Anliegen. Dies gilt insbesondere im Familien- und Erbrecht.

Dieses Buch wendet sich an fortgeschrittene Studierende, die sich beide Rechtsgebiete in ihren Grundzügen bereits erarbeitet haben. Bei der Auswahl der Fälle und der erläuternden Hinweise habe ich mich weitgehend von der Relevanz für das juristische Staatsexamen leiten lassen. Der Schwierigkeitsgrad der Fälle zielt insbesondere auf Studierende, die das Familienrecht und/oder das Erbrecht im Rahmen ihres universitären Schwerpunktstudiums gezielt wiederholen oder vertiefen wollen.

Die hier nachgebildeten Fälle beruhen überwiegend auf BGH-Entscheidungen. Bei der Auswahl ging es mir nicht um eine möglichst flächendeckende Abbildung des Rechtsstoffes. Daher mag man auch manche „klassische" Entscheidung vermissen; ihre Darstellung wäre auf Kosten der Aktualität gegangen.

Bei der Entstehung dieses Buches haben meine wissenschaftlichen Mitarbeiterinnen Frau Elisabeth Suttner, LL.B., im familienrechtlichen Teil und Frau Ass. Dr. Stefanie Bauer im erbrechtlichen Teil maßgeblich mitgewirkt. Beiden danke ich herzlichst für ihre stets tatkräftige Unterstützung und ihre erfrischende Kritik.

Hamburg, im Mai 2009   Anne Röthel

Fallverzeichnis

Teil I Familienrecht

1 **Grenzen der Mithaftung** 3
   Ehewirkungen, Geschäfte des täglichen Lebens (§ 1357 BGB),
   ärztliche Heilbehandlung, Sonderbedarf

2 **Meins, deins, unseres?** 13
   Ehewirkungen, Zugewinngemeinschaft, Verfügung über das Vermögen
   im Ganzen (§§ 1368, 1365 BGB), Konvaleszenz

3 **Verliebt, verlobt, vergesellschaftet?** 25
   Zugewinnausgleich (§§ 1374, 1378, 1380 BGB); Ehegattenmitarbeit
   und Ehegatteninnengesellschaft; Ausgleichsansprüche nach Scheitern
   einer neLG

4 **Einem geschenkten Haus schaut man nicht auf die Belastung?** 39
   Gesetzliche Vertretungsmacht der Eltern (§§ 1629, 1643 BGB);
   Grunderwerb als rechtlich lediglich vorteilhaftes Geschäft
   (§ 107 BGB); Insichgeschäft (§§ 1629 Abs. 2, 1795, 181 BGB),
   Gesamtbetrachtungslehre

5 **Auf dem Spielplatz** 51
   Schadenersatzansprüche im Eltern-Kind-Verhältnis, Haftung wegen
   Aufsichtspflichtverletzung, § 1664 BGB, Mitverschulden,
   Haftungseinheit, gestörte Gesamtschuld; Umgangsrecht (§§ 1684f. BGB)

6 **Vater und Sohn** 63
   Anerkennung und Feststellung der Vaterschaft; Anfechtungshindernis
   der sozial-familiären Beziehung (§ 1600 Abs. 2, Abs. 3 BGB);
   Umgangsrecht des nur-leiblichen Vaters (§ 1685 BGB);
   Vaterschaftsfeststellung ohne Anfechtung (§ 1598a BGB)

7 **Wer Treue verspricht, muss ewig zahlen?** 75
Unterhaltsansprüche, insbesondere. Betreuungsunterhalt gemäß
§ 1615l BGB; Verwirkung (§ 1579 BGB); deliktischer Schutz von
Unterhaltsansprüchen (§ 844 Abs. 2 BGB)

Teil II Erbrecht

8 **Auch Erben können irren** 89
Annahme und Ausschlagung (§§ 1942 ff. BGB); Anfechtung der
Erbschaftsannahme (§§ 1954 ff. BGB); Erklärungsirrtum; § 2306 BGB;
Gesetz zur Reform des Erb- und Verjährungsrechts

9 **Alles nur eine Formfrage** 101
Errichtung eines ordentlichen Testaments: eigenhändige Errichtung
(§ 2247 BGB); Wirksamkeit einer sog. Blaupause; Auslegung;
§ 2087 Abs. 2 BGB; Abgrenzung von Teilungsanordnung und
Vorausvermächtnis; Ersatzerbfolge und § 2069 BGB; Andeutungstheorie

10 **Beim nächsten Mann wird alles anders** 111
Gemeinschaftliches Testament (§§ 2265 ff. BGB); wirksame
Errichtung; wechselbezügliche Verfügungen (§ 2270 BGB); Widerruf
einer wechselbezüglichen Verfügung (§ 2271 BGB); sog. Berliner
Testament (§ 2269 BGB)

11 **Geschenkt ist geschenkt – oder etwa nicht?** 121
Gemeinschaftliches Testament; analoge Anwendbarkeit von
§ 2287 BGB; Beeinträchtigende Schenkung und anfechtbare Verfügung;
Beweislast der Anfechtungsvoraussetzungen; Anwendbarkeit des § 2287
BGB, wenn der Beschenkte pflichtteilsberechtigt ist?

12 **Einer für alle oder alle für einen?** 133
Erbengemeinschaft, insbesondere Rechtsfähigkeit der
Erbengemeinschaft; Anteil an Erbengemeinschaft mit Grundbesitz als
Nachlass; § 2113 BGB; Nacherbenvermerk

13 **Wir wollen beide nur dein Bestes – dein Geld!** 145
Vertrag zugunsten Dritter auf den Todesfall (§ 331 BGB);
Lebensversicherung mit Drittbegünstigung; Prätendentenstreit nach
Hinterlegung der Versicherungssumme; Valutaverhältnis beim Vertrag
zugunsten Dritter auf den Todesfall; Anwendbarkeit des § 2301 BGB
auf § 331 BGB; Schenkung auf den Todesfall (§ 2301 BGB);
postmortale Vollmacht

Teil I
Familienrecht

Fall 1: Grenzen der Mithaftung

A. Sachverhalt

M und F sind seit 15 Jahren im Güterstand der Gütertrennung verheiratet. Sie leben mit ihren drei Kindern in sehr bescheidenen wirtschaftlichen Verhältnissen. M ist selbstständiger Gastwirt. Als seine Einkünfte zurückgehen und er mehrere Monate in Folge die Beiträge zur Krankenversicherung nicht mehr aufbringen kann, kündigt die Krankenkasse wirksam den Versicherungsvertrag.

Als M später an Krebs erkrankt und eine Chemotherapie erforderlich wird, schließt er als sog. Selbstzahler im eigenen Namen einen Behandlungsvertrag mit der Klinik (K), um die medizinisch absolut notwendigen Leistungen in Anspruch zu nehmen. Auch die Rechnungen von K kann M allerdings nicht mehr bezahlen. Später verstirbt M und wird von seinen drei Kindern testamentarisch beerbt.

Nun nimmt K die F für die dem M gewährten Leistungen in Höhe von 30.000 € in Anspruch.

Hat K gegen F einen Anspruch auf Zahlung von 30.000 €?

B. Lösung

K könnte einen Anspruch auf Zahlung von 30.000 € gemäß §§ 611 Abs. 1, 1357 BGB gegen F als Mitverpflichtete des von M mit K geschlossenen Behandlungsvertrags haben.

I. Vertraglicher Anspruch gemäß § 611 Abs. 1 BGB

M und K schlossen einen privatrechtlichen Behandlungsvertrag in Form eines Dienstvertrags (§ 611 BGB), infolge dessen K einen Anspruch gegen M auf Leistung der vereinbarten Vergütung für die von ihr an M erbrachten Leistungen erwarb. Hierdurch wurde aber zunächst nur M verpflichtet: F ist weder durch eigene Willenserklärung noch vertreten durch M (§ 164 Abs. 1 BGB) Partei des Dienstvertrags geworden.

> Eine allgemeine *gesetzliche* Vertretungsmacht der Ehegatten füreinander in Vermögensfragen ist dem deutschen Recht unbekannt. Möglich ist aber eine *rechtsgeschäftlich* begründete Vertretungsmacht durch Bevollmächtigung (§§ 164 ff. BGB). Wird ein Ehegatte „für" den anderen Ehegatten tätig, kommen Ausgleichsansprüche nach §§ 670 ff. BGB oder – bei Fehlen eines Auftrags – aus Geschäftsführung ohne Auftrag (§§ 677 ff. BGB) in Betracht.

Auch resultierte eine Verpflichtung der F nicht aus § 1967 BGB, da F nicht Erbin des M geworden ist.

II. Mitverpflichtung der F gemäß § 1357 Abs. 1 BGB

F könnte aber durch den Vertragsschluss zwischen M und K nach § 1357 BGB mitverpflichtet worden sein, so dass K ein Anspruch gemäß §§ 611 Abs. 1, 1357 Abs. 1 BGB zustünde. Gemäß § 1357 Abs. 1 BGB kann jeder Ehegatte Geschäfte zur angemessenen Deckung des Lebensbedarfs der Familie auch mit Wirkung für den anderen Ehegatten abschließen, so dass beide Ehegatten berechtigt und verpflichtet werden, solange sich nicht aus den Umständen etwas anderes ergibt.

1. Anwendbarkeit

§ 1357 BGB ist anwendbar, wenn eine wirksame Ehe zwischen dem Vertragsschließenden und dem in Anspruch Genommenen besteht und die Ehegatten nicht

B. Lösung

getrennt leben, § 1357 Abs. 3 i. V. mit § 1567 BGB. Für beide Ausschlussgründe bestehen keine Anhaltspunkte.

> Die Darlegungs- und Beweislast für die Gründe, aus denen sich die Nichtanwendbarkeit des § 1357 BGB ergibt, trägt der Ehegatte, der sich auf diese Gründe beruft (hier also F).[1]

Dass M und F Gütertrennung vereinbart hatten (§§ 1363 Abs. 1, 1414 ff. BGB), ist unerheblich, da § 1357 BGB – anders als die §§ 1365 ff. BGB – unabhängig vom Güterstand gilt.

2. Geschäft zur angemessenen Deckung des Lebensbedarfs

Der Behandlungsvertrag zwischen M und K müsste ein Geschäft zur angemessenen Deckung des Lebensbedarfs der Familie darstellen, d. h. ein sog. Bedarfsdeckungsgeschäft.[2]

a) Lebensbedarf

Geschäfte zur Deckung des Lebensbedarfs sind alle Geschäfte, die nach den Verhältnissen der Ehegatten der Deckung des Lebensbedarfs der Familie dienen. Der Umfang des Lebensbedarfs bestimmt sich in Anlehnung an das Unterhaltsrecht. Zum Lebensbedarf der Familie zählt nicht nur der gesamte Bedarf der (gemeinsamen) Haushaltsführung sondern auch eventueller persönlicher Bedarf der Ehegatten und der mit ihnen lebenden gemeinsamen unterhaltsberechtigten Kinder (vgl. §§ 1360a Abs. 1, 1610 Abs. 2 BGB).[3] Auch Aufwendungen, die nur einem Ehegatten zu Gute kommen, können Teil des Lebensbedarfs der Familie sein. Dies gilt insbesondere für medizinische Aufwendungen: Zum Lebensbedarf der Familie gehört auch die ärztliche Versorgung eines Ehegatten, denn sie liegt im Interesse der gesamten Familie. Ärztliche Behandlungen dienen der Gesundheit als dem „primären und ursprünglichen Lebensbedarf" der Familie.[4]

Dem steht nicht entgegen, dass aus dem ärztlichen Behandlungsvertrag wegen der Höchstpersönlichkeit der Leistung nur der behandelte Ehegatte berechtigt und der andere Ehegatte also immer nur mitverpflichtet werden kann.

---

[1] Vgl. MünchKommBGB/*Wacke*, 4. Aufl. 2000, § 1357 Rn. 50.
[2] Näher *Schwab*, Familienrecht, 16. Aufl. 2008, Rn. 166; *Huber* Jura 2003, 146, 147.
[3] BGHZ 94, 1 ff.=NJW 1985, 1394 ff.; *Lüderitz/Dethloff*, Familienrecht, 28. Aufl. 2007, Rn. 60; MünchKommBGB/*Wacke*, 4. Aufl. 2000, § 1357 Rn.19.
[4] BGHZ 94, 1, 6=NJW 1985, 1394, 1395; BGHZ 116, 184, 186=NJW 1992, 909.

> Regelungsziel des § 1357 BGB ist nicht, dass der andere Ehegatte vollumfänglich dieselbe Rechtsstellung wie der handelnde Ehegatte erwirbt.

b) Angemessenheit

Eine Mitverpflichtung tritt nur dann ein, wenn das Geschäft der *angemessenen* Deckung des Lebensbedarfs dient. Angemessen ist ein Geschäft, wenn es den wirtschaftlichen Verhältnissen und den tatsächlichen Lebensgewohnheiten der Familie entspricht.

> Ob sich die Familie diesen Lebensstandard leisten kann oder ob sie sich auch einen höheren Lebensstandard leisten könnte, ist unerheblich. Es kommt allein auf die tatsächlich verwirklichte Lebensführung an.[5]

Mit Blick auf den bescheidenen Lebenszuschnitt von M und F erscheint es zweifelhaft, ob die Inanspruchnahme von Behandlungsleistungen in Höhe von 30.000 € noch als angemessen beurteilt werden kann.

> Unabhängig vom Lebenszuschnitt der Familie dieses Falles ist zudem fraglich, ob sich die Mitverpflichtung auch ohne vorhergehende Abstimmung zwischen den Ehegatten auf Geschäfte größeren Umfangs erstrecken kann. Unter diesem Aspekt hat der BGH im Falle einer teuren, aber weder sachlich noch zeitlich zwingend gebotenen ärztlichen Wahlleistung die Angemessenheit verneint, soweit der Ehegatte dem Eingriff nicht zugestimmt hatte.[6] Dies gilt jedenfalls dann, wenn sich ein Geschäft ohne Weiteres zurückstellen lässt.

Allerdings könnten trotz des bescheidenen Lebenszuschnitts ärztliche Heilbehandlungen auch ohne Abstimmung unter den Ehegatten stets zum angemessenen Lebensbedarf gehören, wenn es sich um unaufschiebbare und medizinisch indizierte Heilbehandlungen handelt. Hier sollte durch eine medizinisch absolut unerlässliche Behandlung eine lebensgefährliche Krankheit gelindert werden. Solche Aufwendungen zählt die Rspr. zum Grundlebensbedarf jedes Ehegatten, der infolgedessen unabhängig von den Einkommens- und Lebensverhältnissen der Familie als angemessen eingestuft wird, und zwar unabhängig davon, ob sich die Ehegatten hierüber vorher abgestimmt haben.

---

[5] BGHZ 94, 1, 6f.=NJW 1985, 1394, 1395.
[6] BGHZ 94, 1, 9=NJW 1985, 1394, 1396.

> Hintergrund ist die Überlegung, dass eine vorherige Abstimmung über nicht verhandelbare, unausweichliche und unerlässliche Heilbehandlungen keinen sinnvollen Zweck haben kann.

Die Inanspruchnahme einer medizinisch gebotenen, unausweichlichen und nicht verschiebbaren ärztlichen Behandlung ohne Sonderleistungen ist damit grundsätzlich unabhängig vom tatsächlichen Lebenszuschnitt als ein Geschäft zur angemessenen Deckung des Lebensbedarfs anzusehen.

III. Ausschluss der Mithaftung, wenn sich aus den Umständen etwas anderes ergibt

Aus § 1357 Abs. 1 S. 2 BGB folgt nur dann eine Mitverpflichtung des nicht vertragsschließenden Ehegatten, soweit sich nicht „aus den Umständen etwas anderes ergibt". Dies ist insbesondere der Fall, wenn sich aus dem Vertragsschluss für den Vertragspartner ausdrücklich oder erkennbar der Wille des vertragsschließenden Ehegatten ergibt, nur sich allein zu verpflichten.[7]

Darüber hinaus nimmt die Rspr. an, dass eine Mithaftung für Bedarfsdeckungsgeschäfte nur insoweit entsteht, als der mitverpflichtete Ehegatte auch unterhaltsrechtlich zur Leistung verpflichtet gewesen wäre. Daran fehlt es von vornherein, wenn das Bedarfsdeckungsgeschäft die Leistungsfähigkeit der Familie überschreitet (vgl. § 1360a Abs. 1 BGB).[8]

> § 1357 BGB wird also sowohl in seinen tatbestandlichen Voraussetzungen (Bedarfsdeckungsgeschäft) als auch in seinen tatbestandlichen Grenzen (Ausschluss der Mithaftung) maßgeblich durch das Unterhaltsrecht geprägt. Soweit mangels Leistungsfähigkeit des anderen Ehegatten kein Unterhaltsanspruch besteht, soll auch nicht mittelbar über § 1357 BGB eine Einstandspflicht des anderen Ehegatten erreicht werden.

Insbesondere hat der BGH dies für Geschäfte entschieden, die der Deckung von sog. *Sonderbedarf* dienen, d. h. unregelmäßigem außergewöhnlich hohem Bedarf (§ 1613 Abs. 2 Nr. 1 BGB). Dann entsteht eine Mithaftung nur im Rahmen der Leistungsfähigkeit des mithaftenden Ehegatten; ansonsten ergibt sich aus den Umständen etwas anderes i. S. von § 1357 Abs. 1 S. 2 BGB.[9]

---

[7] Vgl. Palandt/*Brudermüller*, 68. Aufl. 2009, § 1357 Rn. 18.
[8] BGHZ 116, 184, 188=NJW 1992, 909, 910.
[9] BGHZ 116, 184, 188=NJW 1992, 909, 910; OLG Saarbrücken JuS 2001, 813.

Hier stellen die durch die Krebserkrankung des M erforderlich gewordenen Heilbehandlungskosten solchen Sonderbedarf dar. Die Mitverpflichtung der F hängt daher von ihrer Leistungsfähigkeit ab, die sich wiederum nach den wirtschaftlichen Verhältnissen der Familie bestimmt. Da für M kein Versicherungsschutz bestand und weder M noch F über weitergehendes Vermögen verfügten, übersteigt der durch die Heilbehandlung entstandene Sonderbedarf die Leistungsfähigkeit sowohl der Familie als auch der F bei weitem. Ihre Mitverpflichtung ist daher ausgeschlossen gemäß § 1357 Abs. 1 S. 2 BGB.

IV. Ergebnis

K hat keinen Anspruch gegen F auf Zahlung von 30.000 €.

K muss sich daher an die Erben des M wenden (§§ 1922, 1967 BGB), hier die Kinder von M und F (§ 1924 Abs. 1, Abs. 4 BGB). Eine Zwangsvollstreckung wird allerdings nach den Umständen dieses Falles weitgehend aussichtslos sein, da die Kinder keinerlei Vermögen haben. Die Unterhaltsansprüche der Kinder gegen F sowie etwaige Waisenrenten sind gemäß § 850b Abs. 1 Nr. 2 ZPO bzw. § 850b Abs. 1 Nr. 4 ZPO nur *bedingt pfändbar*. Bedingt pfändbare Ansprüche sind grundsätzlich unpfändbar (§ 850b Abs. 1 ZPO), können aber – im Gegensatz zu den in § 850a ZPO genannten absolut unpfändbaren Bezügen – durch das Vollstreckungsgericht für pfändbar erklärt werden (§ 850b Abs. 2 ZPO). Die Pfändbarkeitserklärung stellt nach der gesetzlichen Konzeption jedoch die Ausnahme dar und wird nur erfolgen, wenn eine Vollstreckung in die geschützten Bezüge die Existenz des Schuldners nicht gefährdet und ihn im Einzelfall nicht unbillig belastet.[10]

---

[10] Vgl. MünchKommZPO/*Smid*, 3. Aufl. 2007, § 850b Rn. 1, 16.

C. Anmerkungen

I. Rechtsprechung

Dem Fall liegt folgende BGH-Entscheidung zugrunde:
BGH, Urteil vom 27.11.1991 – XII ZR 226/90, BGHZ 116, 184 = NJW 1992, 909

II. Von der sog. Schlüsselgewalt zur Gläubigerbegünstigung

Ursprünglich diente § 1357 BGB a. F. dazu, es der *haushaltführenden Ehefrau* zu ermöglichen, die zur Haushaltsführung nötigen Geschäfte zu tätigen. Diese sog. Schlüsselgewalt wandelte sich insbesondere durch das 1. EheRG[11] zur beiderseitigen Mitverpflichtung unabhängig davon, ob dem handelnden Ehegatten die Haushaltsführung übertragen ist. In der Praxis kommt die Vorschrift heute nicht zuletzt den Gläubigern zugute, die über § 1357 BGB unabhängig von der innerfamiliären Einkommens- und Rollenverteilung einen zweiten Schuldner gewinnen. Darin wird teilweise eine bedenkliche Benachteiligung von Ehegatten gegenüber nichtehelichen Lebensgefährten gesehen.[12]

III. Rechtsfolgen des § 1357 BGB

1. Mitverpflichtung

Rechtsfolge des § 1357 Abs. 1 S. 1 BGB ist, dass neben dem handelnden Ehegatten auch der andere Ehegatte verpflichtet wird (§ 1357 Abs. 1 S. 2 BGB). Der Gläubiger hat nun zwei Schuldner, die gesamtschuldnerisch haften (§ 421 BGB).

Soweit sich der handelnde Ehegatte nicht wirksam selbst verpflichten kann, etwa aufgrund nur beschränkter Geschäftsfähigkeit (§§ 106 ff. BGB), kann durch Anwendung des § 1357 BGB i. V. mit dem Rechtsgedanken des § 165 BGB aber jedenfalls die Verpflichtung des anderen Ehegatten resultieren.[13] Dies entspricht den Wertungen der §§ 1303, 1304 BGB, die eine Eheschließung mit einem Minderjährigen und daher nicht unbeschränkt Geschäftsfähigen gerade ermöglichen. Sonst wäre der minderjährige Ehegatte, wenn er im Rahmen der gemeinsamen Lebens-

---

[11] Erstes Gesetz zur Reform des Ehe- und Familienrechts vom 14.6.1976, BGBl. 1976 I, S. 1421 ff.
[12] Kritisch etwa *Brudermüller*, NJW 2004, 2265 ff.
[13] MünchKommBGB/*Wacke*, 4. Aufl. 2000, § 1357 Rn. 15; *Schwab*, Familienrecht, 16. Aufl. 2008, Rn. 160.

gestaltung Bedarfsdeckungsgeschäfte tätigt, auf eine Vollmacht des anderen Ehegatten und Offenlegung der Stellvertretung angewiesen.[14]

> Beachte: Der volljährige Ehegatte wird aber nicht im Gegenzug zum gesetzlichen Vertreter seines minderjährigen Ehepartners. Gesetzliche Vertreter bleiben vielmehr gemäß §§ 1626, 1629 BGB die Eltern des Minderjährigen.

2. Befugnis zur Mitgestaltung (sog. isolierte Gestaltungsbefugnis)

Als Gesamtschuldner und Gesamtgläubiger (§ 428 BGB, str.)[15] stehen den Ehegatten Gestaltungsrechte, die zu einer Umgestaltung des Vertrags führen wie Rücktritt und Widerruf, grundsätzlich nur gemeinsam zu, d. h. dass beide Ehegatten einvernehmlich das Gestaltungsrecht ausüben müssen.[16] Dies ergibt sich für das Widerrufs- und Rücktrittsrecht aus der gesetzlichen Regelung in §§ 351, 357 Abs. 1 S. 1 BGB.[17] Im Schrifttum wird allerdings vertreten, dass § 351 BGB nicht auf die besondere Situation von mitverpflichteten Ehegatten passe, da das „Eheband", also das Innenverhältnis der Ehegatten, enger sei als eine anderweitig begründete Mehrheit von Vertragspartnern. Vielmehr solle nach der Wertung des § 1357 BGB jeder Ehegatte in den Grenzen der Schlüsselgewalt für den anderen Ehegatten Erklärungen abgeben und empfangen können. Dies rechtfertige eine sog. isolierte Gestaltungsbefugnis von Ehegatten abweichend von § 351 BGB.[18] Das überzeugt: Soweit ein Ehegatte in den sachlichen Grenzen des § 1357 Abs. 1 BGB den anderen mitberechtigen und mitverpflichten kann, resultiert aus § 1357 BGB a maiore ad minus auch die Berechtigung jedes einzelnen Ehegatten zur „Mitgestaltung", unabhängig davon, ob der gestaltende Ehegatte am Vertragsschluss beteiligt war oder nicht.

Geht man von einer solchen Befugnis zur isolierten Mitgestaltung aus, stellt sich die Folgefrage, wie sich der isolierte Rücktritt oder Widerruf eines Ehegatten auf die vertragliche Verpflichtung des anderen Ehegatten auswirkt. Zum Teil wird angenommen, dass aus § 1357 Abs. 1 S. 2 BGB zugleich die Befugnis folge,

---

[14] Näher *Lipp*, Examensrepetitorium Familienrecht, 2. Aufl. 2005, § 8 Rn. 137.

[15] Für die Gesamtgläubigerschaft MünchKommBGB/*Wacke*, 4. Aufl. 2000, § 1357 Rn. 36; *Gernhuber/Coester-Waltjen*, Familienrecht, 5. Aufl. 2006, § 19 Rn. 64; a. A. *Büdenbender*, FamRZ 1976, 662.

[16] MünchKommBGB/*Bydlinski*, 5. Aufl. 2007, § 425 Rn. 9, § 428 Rn. 14.

[17] Nach a. A. sei § 351 BGB nicht anwendbar auf das Widerrufsrecht, da aus der amtlichen Überschrift folge, dass sich die Verweisung des § 357 Abs. 1 S. 1 BGB nur auf solche Vorschriften beziehe, die die *Rechtsfolgen* des Rücktritts regeln. § 351 BGB regele jedoch nur die Modalitäten der Ausübung, vgl. MünchKommBGB/*Masuch*, 5. Aufl. 2007, § 355 Rn. 24, § 357 Rn. 9.

[18] MünchKommBGB/*Wacke*, 4. Aufl. 2000, § 1357 Rn. 36; *Schwab*, Familienrecht, 16. Aufl. 2008, Rn. 186f.; *Lüderitz/Dethloff*, Familienrecht, 28. Aufl. 2007, Rn. 68; a. A. *Berger*, FamRZ 2005, 1129; *Gernhuber/Coester-Waltjen*, Familienrecht, 5. Aufl. 2006, § 19 Rn. 63.

C. Anmerkungen

Gestaltungsrechte auch mit Wirkung für den anderen Ehegatten auszuüben.[19] Andere bevorzugen die Anwendung von § 139 BGB im Interesse des dritten Vertragspartners. Danach sei grundsätzlich davon auszugehen, dass das Erlöschen der vertraglichen Verpflichtung eines Ehegatten auch das Erlöschen der Verpflichtung des anderen Ehegatten zur Folge habe, es sei denn, dass das Geschäft auch ohne die Mitverpflichtung vorgenommen worden wäre.[20] Hierbei komme es in erster Linie auf die Interessen des dritten Vertragspartners an. Hätte dieser dem Vertragsschluss unabhängig von der Mitverpflichtung des Ehegatten als zweitem Schuldner zugestimmt, wird z. B. der isolierte Rücktritt eines Ehegatten nur das Erlöschen der Leistungspflichten gegenüber diesem Ehegatten, nicht aber gegenüber dem anderen Ehegatten zur Folge haben.

IV. Lesehinweise

BGH, *Urteil* vom 13.2.1985 – IVb ZR 72/83, BGHZ 94, 1 = NJW 1985, 1394 (Ausschluss der Mithaftung bei privaten Wahlleistungen mit Chefarztbehandlung)

BGH, *Urteil* vom 11.3.2004 – III ZR 213/03, NJW 2004, 1593 (Begründung eines Dauerschuldverhältnisses als Geschäft zur angemessenen Deckung des Lebensbedarfs, Ausschluss der Mitverpflichtung bei exorbitanter Kostenüberschreitung wegen Inanspruchnahme von 0190-Nummern)

---

[19] Staudinger/*Voppel* (2007), § 1357 Rn. 80; MünchKommBGB/*Wacke*, 4. Aufl. 2000, § 1357 Rn. 36.
[20] Vgl. MünchKommBGB/*Masuch*, 5. Aufl. 2007, § 355 Rn. 24; kritisch *Löhnig,* FamRZ 2001, 135, 137f.; *Schwab*, Familienrecht, 16. Aufl. 2008, Rn. 183.

Fall 2: Meins, deins, unseres?

A. Sachverhalt

Grundfall

M und F sind seit 20 Jahren verheiratet, einen Ehevertrag haben sie nicht geschlossen. Am 18.8.2008 veräußert M ein in seinem Alleineigentum stehendes Grundstück zum Preis von 250.000 € an D. Abgesehen von dem Grundstück besitzt M nur Barvermögen von etwa 2.500 €. Nachdem D im Grundbuch als neuer Eigentümer eingetragen worden ist, erfährt F vom Geschäft ihres Mannes. Sie verlangt von D die „Rückgängigmachung" seiner Eintragung, da sie mit dem Geschäft nicht einverstanden sei. D erwidert, er habe weder die Vermögensverhältnisse des M gekannt noch gewusst, dass M verheiratet ist.

Hat eine Klage der F vor dem zuständigen Gericht Aussicht auf Erfolg?

Abwandlung

M verkauft das Grundstück ohne Wissen der F an seinen Steuerberater S, der mit den finanziellen Verhältnissen des M bestens vertraut ist. Noch bevor M das Grundstück an S auflassen kann, verstirbt die F. Testamentarische Alleinerbin ist die gemeinsame Tochter T. Inzwischen reut M das Geschäft. Als S auf die Auflassung drängt, beruft sich M darauf, dass seine Frau zwar von dem Verkauf nichts gewusst, aber schon immer gesagt habe, dass sie es niemals dulden würde, wenn Grundbesitz der Familie verkauft würde. Damit sei der Kaufvertrag hinfällig.

Hat S einen Anspruch gegen M auf Auflassung des Grundstücks?

B. Lösung

Grundfall
Die Klage hat Aussicht auf Erfolg, soweit sie zulässig und begründet ist.

I. Zulässigkeit

Die Zulässigkeit der Klage setzt u. a. voraus, dass F prozessführungsbefugt ist. Dies erscheint hier zweifelhaft, da F niemals Eigentümerin des Grundstücks gewesen ist und also mit ihrem Verlangen nach „Rückgängigmachung" des Geschäfts kein eigenes Recht geltend machen kann. Die Prozessführungsbefugnis könnte sich aber aus § 1368 BGB ergeben. Danach kann F solche Rechte gerichtlich geltend machen, die sich aus der Unwirksamkeit einer Verfügung des M nach § 1365 BGB ergeben (sog. Revokationsbefugnis). Nach heute h. M. bewirkt § 1368 BGB eine *gesetzliche Prozessstandschaft*, d. h. dass der andere Ehegatte die sich aus der Unwirksamkeit einer Verfügung ergebenden Rechte *für* den verfügenden Ehegatten im eigenen Namen geltend machen kann.[1]

> Unterscheide Prozessstandschaft und Aktivlegitimation: Die Tatsache, dass § 1368 BGB nach h. M. dem nicht verfügenden Ehegatten eine Prozessstandschaft gewährt und ihm nicht die Aktivlegitimation zuweist, hat auch in materiell-rechtlicher Hinsicht Konsequenzen. Erklärt z. B. der Dritte im Rahmen der revokatorischen Klage die Aufrechnung, so muss die gemäß § 387 BGB erforderliche Gegenseitigkeit in Bezug auf den verfügenden Ehegatten, nicht auf den gemäß § 1368 BGB klagenden Ehegatten gegeben sein.[2]

Damit ist F gemäß § 1368 BGB berechtigt, die aus einer möglichen Unwirksamkeit der Verfügung des M resultierenden Rechte des M gerichtlich geltend zu machen.

> Das Vorliegen der Voraussetzungen der §§ 1365, 1368 BGB ist sowohl in der Zulässigkeit der Klage (bei der Frage der Prozessführungsbefugnis) als auch in der Begründetheit (bei der Frage des Bestehens des materiell-recht-

---

[1] BGHZ 143, 356, 360 = NJW 2000, 1947, 1948; Staudinger/*Thiele* (2007), § 1368 Rn. 19.; *Gernhuber/Coester-Waltjen*, Familienrecht, 5. Aufl. 2006, § 35 Rn. 90; MünchKommBGB/*Koch*, 4. Aufl. 2000, § 1368 Rn. 3; Zöller/*Vollkommer*, ZPO, 27. Aufl. 2009, Vor § 50 Rn. 18, 24. Der Ehegatte kann auch nach der Scheidung nach § 1368 BGB vorgehen, sofern die Verfügung vor Rechtskraft des Scheidungsurteils erfolgte, BGH NJW 1984, 609, 610.
[2] BGHZ 143, 356, 360 ff. = NJW 2000, 1947, 1948.

B. Lösung

> lichen Anspruchs) relevant. Bei solchen sog. *doppelt relevanten Tatsachen* ist es im Rahmen der Zulässigkeit ausreichend, wenn der Kläger das Vorliegen der Voraussetzungen schlüssig vorträgt; die eigentliche materiellrechtliche Prüfung erfolgt erst in der Begründetheit.

II. Begründetheit

Die Klage der F ist begründet, wenn ein Anspruch des M auf „Rückgängigmachung" der Eintragung des D besteht. Dies setzt gemäß § 894 BGB voraus, dass das Grundbuch infolge der Eintragung des D als Eigentümer unrichtig ist. Das Grundbuch ist unrichtig, wenn formelle und materielle Rechtslage auseinanderfallen.

1. Formelle Rechtslage

Im Grundbuch ist D als Eigentümer des Grundstücks eingetragen.

2. Materielle Rechtslage

Fraglich ist, ob D auch materiell Eigentümer des Grundstücks geworden ist. D könnte das Eigentum an dem Grundstück von M gemäß §§ 873 Abs. 1, 925 Abs. 1 S. 1 BGB durch Auflassung und Eintragung erworben haben. Auflassung und Eintragung sind zwar erfolgt, doch könnte es M gemäß § 1365 Abs. 1 S. 2 BGB mangels Zustimmung der F an der Verfügungsberechtigung über das Grundstück gefehlt haben, wenn es sich bei der Veräußerung an D um eine Verfügung über das Vermögen im Ganzen gehandelt hat.

> Liegt eine nach § 1365 Abs. 1 S. 2 BGB erforderliche Zustimmung nicht vor, ist die betreffende Verfügung „unwirksam". Rechtsfolge ist ein Mangel der Verfügungsberechtigung (h. M.), nicht ein Mangel der dinglichen Einigung. Der Mangel der Verfügungsberechtigung kann nach allg. Ansicht nicht durch gutgläubigen Erwerb (z. B. §§ 932 ff., 892f. BGB) überwunden werden. § 1365 BGB begründet vielmehr eine sog. *absolute* Verfügungsbeschränkung,[3] auf die auch § 135 Abs. 2 BGB nicht anwendbar ist. Gemeint ist, dass es sich um eine Verfügungsbeschränkung handelt, die nicht nur dem Schutz einzelner Personen zu dienen bestimmt ist. Dies wird einerseits aus

---

[3] BGHZ 40, 218 ff. = NJW 1964, 347 ff.; Palandt/*Brudermüller*, 68. Aufl. 2009, § 1365 Rn. 1, 14.

> den Schutzzwecken des § 1365 BGB gefolgert, andererseits aus § 1368 BGB. Denn aus § 1368 BGB lasse sich ableiten, dass § 1365 BGB nicht nur dem Schutz des nicht verfügenden Ehegatten, sondern auch dem Schutz des verfügenden Ehegatten diene.[4]

a) Anwendbarkeit des § 1365 BGB im gesetzlichen Güterstand

§ 1365 BGB ist aufgrund seiner systematischen Stellung nur anwendbar, wenn der Verfügende im gesetzlichen Güterstand der Zugewinngemeinschaft (§§ 1363 ff. BGB) lebte und § 1365 BGB nicht abbedungen wurde (vgl. § 1363 Abs. 1, 1408 Abs. 1 BGB). Dies ist hier der Fall, denn M und F haben keinen abweichenden Ehevertrag geschlossen.

b) Verfügung über das Vermögen im Ganzen

Nach dem Wortlaut und dem amtlichen Titel des § 1365 BGB erfasst die Vorschrift Verfügungen über „Vermögen im Ganzen". M hat aber nur über ein einzelnes Grundstück verfügt. Allerdings wird § 1365 BGB nach allg. Meinung dahingehend erweitert, dass auch eine Verfügung über einen einzelnen Gegenstand zustimmungsbedürftig ist, wenn der betroffene Gegenstand das ganze oder nahezu das ganze Vermögen ausmacht (sogenannte „Einzeltheorie"[5]). Hierfür spricht der Zweck des § 1365 BGB, der neben der Sicherung eines möglichen Zugewinnausgleichsanspruchs (§ 1378 BGB) auch die wirtschaftliche Lebensgrundlage der Ehegatten sichern soll.[6] Beides kann durch eine Verfügung über einen einzelnen Gegenstand gleichermaßen gefährdet sein, wenn dieser Einzelgegenstand das gesamte oder nahezu das gesamte Vermögen ausmacht. Daran fehlt es regelmäßig, wenn dem Verfügenden ein Restvermögen von 15% des ehemaligen Gesamtvermögens verbleibt;[7] bei größeren Vermögen ab etwa 25.000 € zieht die Rspr. die Grenze bei einem Restvermögen von etwa 10% des ehemaligen Gesamtvermögens.[8] Dabei sind dingliche Belastungen wertmindernd zu berücksichtigen. Unberücksichtigt bleibt hingegen nach h. M. eine etwaige Gegenleistung, auch wenn diese wirtschaftlich einen gleichwertigen Ausgleich bedeutet.[9]

---

[4] MünchKommBGB/*Koch*, 4. Aufl. 2000, § 1365 Rn. 1f.
[5] Beginnend mit BGHZ 35, 135, 143 = NJW 1961, 1301, 1303; für die „Gesamttheorie" hingegen *Rittner*, FamRZ 1961, 1 und *Tiedau*, MDR 1961, 721.
[6] Siehe z. B. BGHZ 77, 293, 296 = NJW 1980, 2350, 2351; MünchKommBGB/*Koch*, 4. Aufl. 2000, § 1365 Rn. 1f; kritisch *Braun*, FS Musielak 2004, S. 119, 129.
[7] BGHZ 77, 293, 296 = NJW 1980, 2350, 2351.
[8] BGH NJW 1991, 1740.
[9] BGHZ 35, 135, 145 = NJW 1961, 1301, 1304; BGHZ 43, 174, 176 = NJW 1965, 909, 910.

B. Lösung

> Die Unbeachtlichkeit von Gegenleistungen lässt sich einerseits damit begründen, dass § 1365 Abs. 2 BGB sonst weitgehend gegenstandslos wäre, weil eine unentgeltliche Vermögensübertragung kaum einer „ordnungsgemäßen Verwaltung" entsprechen würde.[10] Auch unterscheidet § 1365 BGB – anders als etwa §§ 816, 988 BGB – nicht zwischen entgeltlichen und unentgeltlichen Verfügungen. Überzeugender erscheint die Frage, ob ein berechtigtes Sicherungsinteresse der ehelichen Lebens- und Zugewinngemeinschaft gerade an dem betroffenen Vermögensgegenstand selbst besteht, wie z. B. im Hinblick auf die Ehewohnung.[11]

Hier verbleibt dem M nach der Verfügung über das Grundstück nur ein Restbarvermögen von 2.500 €. Gemessen an dem anfänglichen Gesamtvermögen (Grundstück zzgl. 2.500 €) macht dieses Restvermögen weniger als 10% aus, so dass M mit der Veräußerung des Grundstücks über nahezu sein gesamtes Vermögen verfügte. § 1365 Abs. 1 BGB ist hierauf objektiv anwendbar.

c) Subjektive Einschränkung des § 1365 BGB

Die Erweiterung des § 1365 BGB im Sinne der Einzeltheorie hat zur Folge, dass der Rechtsverkehr nicht mehr erkennen kann, ob das Geschäft zustimmungsbedürftig ist. Daher schränkt die Rspr. die Anwendbarkeit des § 1365 BGB bei Verfügungen über Einzelgegenstände dahingehend ein, dass der Erklärungsempfänger zusätzlich *positive Kenntnis* davon haben muss, dass es sich bei dem Einzelgegenstand um nahezu das gesamte Vermögen handelt (sog. subjektive Einzeltheorie).[12]

> Die Darlegungs- und Beweislast für das Vorliegen der Kenntnis beim Vertragspartner trägt derjenige, der sich auf die Unwirksamkeit der Verfügung gemäß § 1365 BGB beruft, in der Regel also der nicht verfügende Ehegatte.[13]

Hier hat D die Vermögensverhältnisse des M nicht gekannt. Er hatte damit keine Kenntnis davon, dass das an ihn veräußerte Grundstück nahezu das gesamte Vermögen des M darstellte.

---

[10] BGHZ 35, 135, 145 = NJW 1961, 1301, 1304; BGHZ 43, 174, 176 = NJW 1965, 909, 910; *Olzen*, Jura 1988, 13, 15.

[11] Führt man diesen Gedanken weiter, müsste man freilich eine Anwendung des § 1365 BGB verneinen, wenn nicht die gemeinsam bewohnte Ehewohnung, sondern eine vermietete Immobilie veräußert würde; hierzu *Braun*, FS Musielak 2004, S. 137.

[12] Offengelassen noch BGHZ 35, 135, 143 = NJW 1961, 1501; st.Rspr seit BGHZ 43, 174, 176 ff. = NJW 1965, 909, 910f.; BGHZ 64, 246, 247 = NJW 1975, 1270; BGHZ 77, 293, 295 = NJW 1980, 2350. In der Originalentscheidung aus dem Jahr 1965, die diesem Fall als Grundlage dient, geht der BGH auch noch auf die objektive Theorie ein, die jegliche subjektive Einschränkung ablehnt.

[13] BGHZ 43, 174, 176 ff. = NJW 1965, 909, 910f.

> Unbeachtlich ist, dass D keine Kenntnis davon hatte, dass M verheiratet ist. Dies ergibt sich aus dem Gegenschluss zu § 1366 Abs. 2 S. 2 BGB, wonach ein Vertragspartner, der weiß, dass sein Vertragspartner verheiratet ist, seine auf den Vertragsschluss gerichtete Willenserklärung entgegen der Grundregel in § 1366 Abs. 2 S. 1 BGB nur widerrufen kann, wenn er über das Einverständnis des anderen Ehegatten getäuscht wurde.

d) Zwischenergebnis

Mangels positiver Kenntnis des D war die Verfügung des M nicht zustimmungsbedürftig im Sinne des § 1365 Abs. 1 S. 2 BGB. M konnte daher wirksam über das Grundstück verfügen, und D ist gemäß §§ 873 Abs. 1, 925 BGB durch Auflassung und Eintragung Eigentümer des Grundstücks geworden. Die Voraussetzungen eines Grundbuchberichtigungsanspruchs gemäß § 894 BGB liegen daher nicht vor.

III. Ergebnis

Die Klage der F ist zulässig, aber unbegründet.

Abwandlung

Der von S geltend gemachte Anspruch auf Auflassung könnte aus § 433 Abs. 1 S. 1 BGB resultieren. Zwar haben sich M und S formwirksam (§ 311b Abs. 1 S. 1 BGB) über eine Veräußerung des Grundstücks an S geeinigt. Der Kaufvertrag könnte allerdings wegen § 1366 Abs. 4 BGB unwirksam sein. Dazu müsste der Kaufvertrag zustimmungspflichtig im Sinne von § 1365 BGB sein.

I. Zustimmungsbedürftigkeit gemäß § 1365 Abs. 1 S. 1 BGB

Gemäß § 1365 Abs. 1 S. 1 BGB kann sich ein Ehegatte im gesetzlichen Güterstand der Zugewinngemeinschaft nur mit Einwilligung des anderen Ehegatten verpflichten, über sein Vermögen im Ganzen zu verfügen. Ein ohne die Einwilligung geschlossener Vertrag wird wirksam, wenn der andere Ehegatte ihn genehmigt (§ 1366 Abs. 1 BGB). Wird die Genehmigung verweigert, ist der Vertrag endgültig unwirksam (§ 1366 Abs. 4 BGB).

Auch im Rahmen des § 1365 Abs. 1 S. 1 BGB gilt nach allg. Ansicht die subjektive Einzeltheorie. Zustimmungspflichtig ist daher auch die Verpflichtung zur Verfügung über einen einzelnen Gegenstand, der nahezu das gesamte Vermögen des sich Verpflichtenden ausmacht, soweit der andere Vertragspartner hiervon positive Kenntnis hatte. Diese Voraussetzungen sind hier erfüllt, da S als Steuerberater mit den Vermögensverhältnissen des M vertraut war und somit wusste, dass es sich bei dem Grundstück um nahezu das gesamte Vermögen des M handelte. M konnte sich daher nur mit Einwilligung (§ 1365 Abs. 1 S. 1 BGB) oder Genehmigung (§ 1366 Abs. 1 BGB) der F wirksam verpflichten.

II. Verweigerung der Zustimmung

1. Vertragsschluss ohne Einwilligung des anderen Ehegatten

F hat ihre nach § 1365 Abs. 1 BGB erforderliche Zustimmung nicht durch vorherige Einwilligung erklärt (vgl. § 183 S. 1 BGB). Ein ohne die erforderliche Einwilligung des anderen Ehegatten geschlossener Vertrag ist schwebend unwirksam.

2. Unwirksamkeit des Vertrags infolge Verweigerung der Genehmigung (§ 1366 Abs. 4 BGB)?

Allerdings hat F immer wieder betont, dass sie es niemals dulden würde, dass Grundbesitz der Familie veräußert würde. Darin könnte konkludent die Verweigerung der Genehmigung liegen, so dass der Vertrag nach § 1366 Abs. 4 BGB endgültig unwirksam geworden wäre.

Die Verweigerung der Genehmigung ist eine einseitige, formlose, empfangsbedürftige Willenserklärung, die darauf gerichtet ist, die Wirksamkeit des vom Ehegatten ohne Einwilligung geschlossenen Geschäfts zu verhindern.[14] Sie kann sowohl gegenüber dem anderen Ehegatten als auch gegenüber dem Vertragspartner erklärt werden (arg. e contrario § 1366 Abs. 3 S. 1 BGB). Eine rechtserhebliche Genehmigung liegt aber nur vor, wenn der Ehegatte das Rechtsgeschäft und seinen wesentlichen Inhalt kennt.[15] Daran fehlt es hier, denn die F hatte von dem konkreten Verkauf an S keine Kenntnis. Damit blieb das Geschäft zunächst schwebend unwirksam.

III. Wirksamwerden durch Konvaleszenz

Der Kaufvertrag könnte aber infolge des Todes der F während der Schwebezeit durch Heilung (Konvaleszenz) wirksam geworden sein. Dies wäre dann der Fall, wenn mit dem Tod der F die Zustimmungspflichtigkeit des Geschäfts entfallen wäre. Die anfänglich mangelnde Einwilligung wird „geheilt" durch Umstände, die später zum Entfallen der Zustimmungspflichtigkeit führen.

---

[14] RGZ 139, 118, 125.
[15] BGH NJW 1982, 1099f.

1. Entfallen der Zustimmungspflichtigkeit durch den Tod des zustimmungsberechtigten Ehegatten

§ 1365 BGB dient dem Schutz der Grundlagen der ehelichen Lebensgemeinschaft und der Verwirklichung des Zugewinnausgleichs. Mit dem Tod des *zustimmungsberechtigten* Ehegatten entfallen aber beide Schutzzwecke. Verstirbt der zustimmungsberechtigte Ehegatte während der Schwebezeit, tritt daher nach h. M. Konvaleszenz ein, d. h. der Vertrag wird nunmehr endgültig wirksam.[16] Dies gilt nach Auffassung des BGH unabhängig davon, ob der Zugewinnausgleich erbrechtlich (durch Erhöhung der Erbquote, § 1371 Abs. 1 BGB) oder güterrechtlich (§ 1371 Abs. 2 BGB) erfolgt.[17]

> Nach a. A. soll Konvaleszenz nur in den Fällen eintreten, in denen der vertragsschließende Ehegatte Erbe des zustimmungsberechtigten Ehegatten wird, weil dann der Zugewinnausgleich pauschal durch Erhöhung der Erbquote (§ 1371 Abs. 1 BGB) erfolgt.[18] Bedarf es aber einer konkreten Zugewinnermittlung (güterrechtlicher Ausgleich gemäß § 1371 Abs. 2 BGB), so würde der Eintritt von Konvaleszenz das Endvermögen des überlebenden Ehegatten schmälern und dessen Ausgleichsanspruch (§ 1378 BGB) gegen die Erben des Ehegatten (Nachlassverbindlichkeit gemäß § 1967 BGB) erhöhen oder erst begründen. In diesen Fällen sei Konvaleszenz nicht gerechtfertigt.

Schließt man sich der Auffassung des BGH an, ist mit dem Tod der zustimmungsberechtigten F während der Schwebezeit Konvaleszenz unabhängig davon eingetreten, ob und wie der Zugewinnausgleich noch zu bewirken ist. Hierfür spricht, dass § 1365 BGB nicht den wirtschaftlichen Interessen der Erben zu dienen bestimmt ist, sondern primär die Erhaltung der wirtschaftlichen Grundlage der Familie bezweckt. Die Interessen der Erben stehen folglich der Konvaleszenz nicht entgegen.

> Aus diesem Grund könnte auch T als Alleinerbin der F die Genehmigung nicht wirksam verweigern. Das Recht zur Genehmigung genauso wie das Recht zur Verweigerung der Genehmigung steht als *höchstpersönliches* Recht immer nur dem Ehegatten selbst, nicht aber dessen Erben zu.[19]

---

[16] BGH NJW 1982, 1099, 1100; MünchKommBGB/*Koch*, 4. Aufl. 2000, § 1366 Rn. 34. Gernhuber/Coester-Waltjen, Familienrecht, 5. Aufl. 2006, § 35 Rn. 73.
[17] BGH NJW 1982, 1099, 1100.
[18] Etwa Staudinger/*Thiele* (2007), § 1365 Rn. 107.
[19] BGH NJW 1982, 1099, 1100; zur a. A. Staudinger/*Thiele* (2007), § 1365 Rn. 107 m. w. N.

2. Zwischenergebnis

Mit dem Tod der zustimmungsberechtigten F ist der zunächst schwebend unwirksame Kaufvertrag zwischen M und S durch Konvaleszenz ex nunc wirksam geworden.

IV. Ergebnis

S hat einen Anspruch gegen M auf Auflassung des Grundstücks an ihn gemäß § 433 Abs. 1 S. 1 BGB.

C. Anmerkungen

I. Rechtsprechung

Dem Fall liegen folgende BGH-Entscheidungen zugrunde:
BGH, Urteil vom 26.2.1965 – V ZR 227/62, BGHZ 43, 174 = NJW 1965, 909 (subjektive Voraussetzungen der Einzeltheorie)
BGH, Urteil vom 2.12.1981 – IVb ZR 553/80, NJW 1982, 1099 (Wirksamkeit durch Konvaleszenz)

II. Ergänzungen zu § 1365 BGB

1. Zugewinngemeinschaft ist keine dingliche Vermögensgemeinschaft

Zugewinngemeinschaft bedeutet – entgegen dem ersten Anschein – gerade keine Vermögensgemeinschaft im engeren (dinglichen) Sinne: Es entsteht nicht automatisch gemeinsames Ehevermögen. Zugewinngemeinschaft ist vielmehr Gütertrennung mit nachfolgendem Zugewinnausgleich bei Beendigung des Güterstandes. Während des Güterstandes bleiben die Vermögen der Ehegatten voneinander getrennt (§§ 1363 Abs. 2, 1364 BGB), und jeder Ehegatte verwaltet sein in die Ehe eingebrachtes sowie sein während der Ehe erworbenes Vermögen selbstständig, soweit nicht durch Rechtsgeschäft Vermögensgegenstände zu gemeinsamem Eigentum erworben werden, etwa der Erwerb eines Hausgrundstücks zu gemeinsamem Miteigentum.

2. § 1365 BGB als Grenze der Verfügungsfreiheit

Aus §§ 1363 Abs. 2, 1364 BGB folgt, dass jeder Ehegatte grundsätzlich auch frei über sein Vermögen verfügen kann. Hiervon macht § 1365 BGB eine *Ausnahme* zum Schutz der Lebensgrundlage der Ehegatten und der Verwirklichung des Zugewinnausgleichs. Einwilligungsbedürftig ist gemäß § 1365 Abs. 1 BGB sowohl die schuldrechtliche Verpflichtung (S. 1) als auch das Verfügungsgeschäft (S. 2).

> Beachte: Hat der Ehegatte dem Verpflichtungsgeschäft zugestimmt, bedarf die Verfügung keiner eigenen Zustimmung mehr.[20] Denn der an sich zustimmungsberechtigte Ehegatte verhielte sich treuwidrig und widersprüchlich, die Zustimmung zur Verfügung zu verweigern, nachdem er die Zustimmung zum Verpflichtungsgeschäft erteilt hat.

---

[20] Staudinger/*Thiele* (2007), § 1365 Rn. 7a.

3. Kreis der zustimmungspflichtigen Geschäfte

Zu den zustimmungspflichtigen Geschäften zählt in Weiterentwicklung der Einzeltheorie auch die Begründung einer Belastung, etwa die Belastung eines Grundstücks mit einer Sicherungsgrundschuld, wenn das Grundstück im Wesentlichen das gesamte Vermögen darstellt und die Belastung den Wert des Grundstücks nahezu ausschöpft.[21]

4. Konvaleszenz in anderen Fällen

Der Mangel einer nicht erteilten Zustimmung wird während der Schwebezeit nur durch solche späteren Umstände geheilt, die den Schutzzweck des § 1365 BGB hinfällig machen. Stirbt nicht der zustimmungsberechtigte Ehegatte (wie in der Abwandlung), sondern der vertragsschließende Ehegatte, bleibt der Schutzzweck des § 1365 BGB insoweit noch bestehen, als es um die Sicherung eines möglichen Zugewinnausgleichs des anderen Ehegatten geht. Dies gilt nach Auffassung des BGH auch dann, wenn der zustimmungsberechtigte Ehegatte Miterbe wird.[22] Anderes, also Eintritt von Konvaleszenz, ist aber denkbar, wenn der zustimmungsberechtigte Ehegatte *Alleinerbe* des vertragsschließenden Ehegatten wird (vgl. § 185 Abs. 2 S. 1 Var. 3 BGB).[23] Dann nimmt der überlebende Ehegatte voll und ganz die Stellung des vertragsschließenden Ehegatten ein und bedarf des Schutzes aus § 1365 BGB nicht (str.).

III. Verfügungen über Haushaltsgegenstände (§ 1369 BGB)

Eine §§ 1365, 1366 BGB vergleichbare Regelung trifft § 1369 BGB für Geschäfte über Haushaltsgegenstände. Zweck der Vorschrift ist die Sicherung der ehelichen Lebensgemeinschaft.

Haushaltsgegenstände sind alle Gegenstände, die zum gemeinsamen Zusammenleben der Ehegatten bestimmt sind. Nicht dazu zählen Gegenstände des persönlichen Gebrauchs und beruflichen Zwecken dienende Gegenstände.

Zustimmungsbedürftig können sowohl das Verpflichtungs- als auch das Verfügungsgeschäft sein (§ 1369 Abs. 1 BGB). Eine ohne die erforderliche Einwilligung getroffene Verfügung ist schwebend unwirksam und wird mit Verweigerung der Genehmigung endgültig unwirksam (§§ 1369 Abs. 3, 1366 Abs. 4 BGB). Bei Verfügungsgeschäften bewirkt § 1369 Abs. 1 BGB wie § 1365 Abs. 1 S. 2 BGB eine

---

[21] BGHZ 123, 93, 95 = NJW 1993, 2441; Einzelheiten bei Staudinger/*Thiele* (2007), § 1365 Rn. 47 ff.

[22] BGHZ 77, 293, 300 = NJW 1980, 2350, 2351f.

[23] Soergel/*Lange*, 12. Aufl. 1988, § 1366 Rn. 20; a. A. MünchKommBGB/*Koch*, 4. Aufl. 2000, § 1366 Rn. 34 m. w. N.

absolute Verfügungsbeschränkung zulasten des Eigentümer-Ehegatten. Verfügt der Ehegatte über einen Gegenstand, der im Eigentum des anderen Ehegatten steht, bleibt es hingegen bei §§ 932 ff. BGB. Eine analoge Anwendung von § 1369 BGB wird in diesen Fällen zumeist entbehrlich sein, weil ein redlicher Erwerb des Dritten vielfach schon an § 935 BGB scheitert (str.).[24]

> Eine Besonderheit stellte die in § 1370 BGB vorgesehene dingliche Surrogation dar. Danach wurden Haushaltsgegenstände, die an Stelle von nicht mehr vorhandenen oder wertlos gewordenen Gegenständen angeschafft worden sind, *ipso iure* Eigentum des Ehegatten, dem die nicht mehr vorhandenen oder wertlos gewordenen Gegenstände gehörten. Diese Vorschrift ist durch das Gesetz zur Änderung des Zugewinnausgleichs- und Vormundschaftsrechts[25] mit Wirkung zum 1.9.2009 zeitgleich mit Inkrafttreten des Gesetzes über das Verfahren in Familiensachen und in den Angelegenheiten der freiwilligen Gerichtsbarkeit[26] aufgehoben worden.

IV. Lesehinweise

Zur Kenntniserlangung des Vertragspartners zwischen Verpflichtungs- und Verfügungsgeschäft nach der subjektiven Einzeltheorie siehe BGH, Beschluss vom 12.1.1989 – V ZB 1/88, BGHZ 106, 253 = NJW 1989, 1609

---

[24] Wie hier *Lipp*, Examensrepetitorium Familienrecht, 2. Aufl. 2005, Rn. 187; a. A. Palandt/*Brudermüller*, 68. Aufl. 2009, § 1369 Rn. 1; *Schlüter*, BGB-Familienrecht, 12. Aufl. 2006, Rn. 120; *Gernhuber/Coester-Waltjen*, Familienrecht, 5. Aufl. 2006, § 35 Rn. 54.

[25] Gesetz zur Änderung des Zugewinnausgleichs- und des Vormundschaftsrechts, vom 6.7.2009, BGBl. 2009 I, S.1696 ff.

[26] Gesetz über das Verfahren in Familiensachen und in den Angelegenheiten der freiwilligen Gerichtsbarkeit vom 17.12.2008, BGBl. 2008 I, S. 2586 ff.

Fall 3: Verliebt, verlobt, vergesellschaftet?

A. Sachverhalt

M und F leben in nichtehelicher Lebensgemeinschaft. Im August 1995 gründet F als Allein-Inhaberin ein Dienstleistungsunternehmen, das als F-Firma firmiert. Am 16.8.1995 schließt die F-Firma, allein vertreten durch F, mit M einen Arbeitsvertrag, durch den M als Lagerarbeiter gegen verkehrsüblichen Lohn bei der F-Firma angestellt wird. Tatsächlich wird M aber nicht als Lagerarbeiter tätig, sondern leitet im Einvernehmen mit F die Geschäfte des Unternehmens allein. Von einer Anstellung als Geschäftsführer haben M und F nur deshalb abgesehen, weil M hoch verschuldet ist und ihm von seinen Gläubigern sonst alles „weggepfändet" würde. Am 7.10.1996 heiraten M und F. Ab August 1998 tritt auch die F in die Geschäftsführung ein; aus den Unternehmenserträgen können M und F knapp die Kosten ihres Lebensunterhalts decken. Weiteres Vermögen können weder M noch F aufbauen. Als absehbar wird, dass die Ehe scheitert, schließen M und F am 17.4.2000 einen Ehevertrag, in dem sie u. a. vereinbaren:

2. Güterstandsvereinbarung.
Die Beteiligten vereinbaren hiermit für ihre Ehe den Güterstand der Gütertrennung gemäß § 1414 BGB.
3. Zugewinnausgleich für die Vergangenheit.
Für einen von der Eheschließung bis heute entstandenen Zugewinn vereinbaren die Beteiligten Folgendes: Sie sind sich darüber einig, dass kein Zugewinn entstanden ist bzw. soweit ein Zugewinn entstanden sein sollte, dieser bereits ausgeglichen ist bzw. auf den Ausgleichsanspruch verzichtet wird.

F beantragt am 10.5.2000 die Ehescheidung; der Scheidungsantrag wird M am 23.6.2000 zugestellt. Daraufhin kündigt M das Arbeitsverhältnis aus persönlichen Gründen zum 1.9.2000.

M ist der Ansicht, zwischen ihm und F habe eine Ehegatteninnengesellschaft bestanden und verlangt nun von F Ausgleich in Höhe des hälftigen Unternehmenswertes. Zu Recht?

B. Lösung

Ein Anspruch des M auf Ausgleich des hälftigen Unternehmenswertes könnte sich aus § 738 Abs. 1 S. 2 BGB als Anspruch auf Auszahlung des Auseinandersetzungsguthabens ergeben. Dann müsste M auseinandersetzungsberechtigt sein. Dies wäre der Fall, wenn das F-Unternehmen Bestandteil einer sog. Ehegatteninnengesellschaft in hälftiger Mitberechtigung von M und F gewesen wäre.

Als Ehegatteninnengesellschaft wird eine Gesellschaft bürgerlichen Rechts (GbR) von Ehegatten bezeichnet, die nicht nach außen in Erscheinung tritt, sondern bei der lediglich im Innenverhältnis eine Beteiligungsgesellschaft entsteht.[1]

I. Begründung einer Ehegatteninnengesellschaft

Ausdrücklich haben M und F keinen Gesellschaftsvertrag geschlossen. Der Auseinandersetzungsanspruch des M könnte daher nur auf einer stillschweigenden, konkludenten Übereinkunft von M und F beruhen. Dazu müsste sich aus dem Parteiverhalten von M und F der für den anderen Teil erkennbare Wille ergeben, die von M geleistete Mitarbeit im Unternehmen der F über eine sog. Innengesellschaft als Grundlage gemeinsamer Teilhabe am Unternehmen zu entlohnen.

1. Besondere Anforderungen an den konkludenten Vertragsschluss bei Ehegatten

Gegen die Annahme einer konkludenten Begründung einer Ehegatteninnengesellschaft spricht allerdings, dass M und F ab dem 7.10.1996 im gesetzlichen Güterstand der Zugewinngemeinschaft lebten. Im gesetzlichen Güterstand können Ehegatten eine Teilhabe am gemeinsam Erarbeiteten und damit Ausgleich nicht anderweitig vergüteter Ehegattenmitarbeit bereits über den Zugewinnausgleich erwarten (§ 1378 BGB), soweit der Zugewinnausgleich nicht ausgeschlossen oder gegenständlich beschränkt wird (§ 1414 BGB). Sowohl die zunächst begründete Erwartung auf Zugewinnausgleich als auch sein späterer einvernehmlicher Ausschluss sind deutliche Indizien gegen einen auf Begründung einer Innengesellschaft gerichteten Parteiwillen.

2. Verfolgung eines eheübersteigenden Zwecks

Eine andere Auslegung des Parteiverhaltens hält die Rspr. aber dann für möglich, wenn die Ehegatten einen über die Verwirklichung der ehelichen Lebensgemeinschaft (§ 1353 BGB) hinausgehenden Zweck verfolgen.[2]

---

[1] Näher etwa *Röthel*, Jura 2006, 641, 648 m. w. N.
[2] BGHZ 142, 137, 150 = NJW 1999, 2962; BGH, NJW 1995, 3383.

B. Lösung

> Dahinter steht die Erwägung, dass Beiträge, die den Rahmen der ehelichen Lebensgemeinschaft nicht übersteigen, nach der Vorstellung der Ehegatten gerade nicht in Erwartung späterer Vergütung und in gesellschaftstypischem Zusammenwirken geleistet werden, sondern als Ausgestaltung des Zusammenlebens erfolgen. Daher sieht die Rspr. in der Verfolgung eheübersteigender Zwecke ein *Indiz* für den konkludenten Abschluss einer Ehegatteninnengesellschaft.[3]

Ein solcher über die Ehe hinausgehender Zweck liegt nahe, wenn die Ehegatten an dem Aufbau und der Führung eines Unternehmens zusammenwirken. Ehegattenmitarbeit im Unternehmen des anderen Ehegatten kann daher Indiz für die konkludente Begründung einer Ehegatteninnengesellschaft sein und entsprechende Ausgleichsansprüche bei Scheitern der Lebensgemeinschaft auslösen.

> Nicht als eheübersteigend sieht die Rspr. regelmäßig den Bau oder den Erwerb eines Eigenheims an,[4] als eheübersteigend wird hingegen die Errichtung eines Mehrfamilienhauses zur Vermögensbildung angesehen.[5]

Zwar reichten die durch die Mitarbeit des M erzielten Erträge gerade aus, um den Lebensunterhalt von M und F zu decken. Dies könnte dafür sprechen, die Mitarbeit als unterhaltsrechtlich geschuldet (§§ 1353 Abs. 1 S. 2, 1356 Abs. 2 S. 2, 1360 BGB) und daher als nicht eheübersteigend anzusehen. Durch die Mitarbeit des M sind aber neben den Erträgen auch Beiträge zur Unternehmenssubstanz geleistet worden, die als Beiträge zur Vermögensbildung über die eheliche Lebensgemeinschaft hinausgehen.

3. Gleichberechtigte Mitarbeit

Ein Ausgleich nicht anderweitig vergüteter Ehegattenmitarbeit nach gesellschaftsrechtlichen Grundsätzen setzt weiter voraus, dass der Ehegatte gleichberechtigt mitgearbeitet und nicht nur untergeordnet zugearbeitet hat. Dazu muss der mitarbeitende Ehegatte einen nennenswerten und für den erstrebten Erfolg bedeutsamen Beitrag geleistet haben.[6]

Hier hat M das Unternehmen von Beginn der Eheschließung (16.8.1995) bis zum 1.9.2000 als Geschäftsführer geleitet, zunächst allein, ab August 1998 zusammen mit F. Dadurch hat M bedeutsame Beiträge für den Erhalt und das Fortkommen des

---
[3] BGHZ 142, 137, 145f. =NJW 1999, 2962, 2964.
[4] Siehe etwa OLG Karlsruhe FamRZ 2001, 1075.
[5] BGHZ 142, 137 = NJW 1999, 2962.
[6] BGHZ 142, 137, 154 = NJW 1999, 2962, 2966.

F-Unternehmens geleistet. Allerdings hatten M und F ausdrücklich einen Arbeitsvertrag geschlossen, durch den M als Lagerarbeiter mit entsprechender Entlohnung tätig werden sollte. Dies könnte der Annahme, M und F hätten konkludent durch die leitende Mitarbeit des M eine Ehegatteninnengesellschaft begründet, entgegenstehen. Allerdings war der Parteiwille von M und F nicht wirklich darauf gerichtet, M als Lagerarbeiter anzustellen. Der Arbeitsvertrag wurde wegen der Überschuldung des M vielmehr nur zum Schein geschlossen (vgl. § 117 BGB). M und F waren sich von vornherein darüber einig, dass M nicht als Lagerarbeiter, sondern in der Funktion eines Geschäftsführers tätig werden sollte. Ihr beiderseitiges Parteiverhalten war daher auf eine erhebliche und gleichberechtigte Mitarbeit des M im Unternehmen der F ausgerichtet.

> Beachte: Ehegatten können selbstverständlich Arbeits- oder Dienstverträge abschließen. Dann stellt sich die Frage einer Vergütung der geleisteten Tätigkeiten aufgrund konkludent begründeter Ehegatteninnengesellschaft nicht. Im Übrigen ist abzugrenzen, ob nicht vergütete Ehegattenmitarbeit bereits aufgrund der ehelichen Lebensgemeinschaft (sog. Pflichtmitarbeit, § 1353 Abs. 1 BGB, aber begrenzt auf Ausnahmefälle) oder unterhaltsrechtlich als Beitrag zum Familienunterhalt (§§ 1360, 1360a BGB) geschuldet ist.[7]

4. Zwischenergebnis

Damit liegen die Voraussetzungen einer konkludent durch die Mitarbeit des M im Unternehmen der F begründeten Ehegatteninnengesellschaft grundsätzlich vor. Als Ehegatteninnengesellschaft ist sie im Zeitpunkt der Eheschließung entstanden.

Allerdings hat M bereits vor der Eheschließung ab August 1995 in dem Unternehmen mitgearbeitet. Es ist daher zu überlegen, ob auch während des Zeitraums, in dem M und F in *nichtehelicher Lebensgemeinschaft* lebten, durch die Mitarbeit des M durch schlüssiges Verhalten (konkludent) eine Innengesellschaft begründet worden ist.

Die ältere Rspr. des II. Zivilsenats des BGH hielt einen konkludenten Abschluss eines Gesellschaftsvertrags bei nur faktischer Willensübereinstimmung für möglich. Entscheidend sollte allein sein, ob durch die Mitarbeit Vermögen aufgebaut wurde, das nicht während der Lebensgemeinschaft aufgezehrt wurde und das den Gefährten nach ihrer Vorstellung wirtschaftlich gemeinsam gehören sollte.[8] Hiervon ist der nunmehr zuständige XII. Senat des BGH im Jahr 2006 abgerückt. Danach genügt eine rein faktische Willensübereinstimmung nicht, sondern es bedarf – genauso wie im Verhältnis von Ehegatten – stets des Nachweises einer wenn auch konkludent

---

[7] Näher *Schwab*, Familienrecht, 16. Aufl. 2008, Rn. 124f.
[8] BGHZ 77, 55 = NJW 1980, 1520; BGHZ 84, 388, 390f. = NJW 1982, 2863, 2864.

zustande gekommenen vertraglichen Einigung mit Rechtsbindungswillen.[9] Dient eine Zuwendung lediglich der Ausgestaltung des gemeinsamen Lebens, würden häufig keine über die Ausgestaltung der Lebensgemeinschaft hinausgehenden Vorstellungen der Partner bestehen, so dass es am Rechtsbindungwillen fehle.[10] Eine konkludente Innengesellschaft könne aber anzunehmen sein, soweit ein Partner wesentliche Beiträge leistet, die über die Ausgestaltung der Lebensgemeinschaft hinausgehen. Auch nach diesen Grundsätzen ist durch die Mitarbeit des M im Unternehmen der F bereits vor der Eheschließung konkludent eine Innengesellschaft begründet worden.

> Beachte: Gesellschaftsrechtliche Ausgleichsansprüche nach den Grundsätzen der Innengesellschaft setzen nach der Rspr. des BGH sowohl unter Ehegatten als auch untern ne Lebensgefährten einen zumindest konkludenten Vertragsschluss einschließlich eines nachweisbaren Rechtsbindungswillens voraus. Der BGH will den gesellschaftsrechtlichen Ausgleich im Falle der neLG jedoch „großzügiger handhaben" und verlangt anders als bei Ehegatten nicht die Verfolgung eines über den typischen Rahmen der Gemeinschaft hinausgehenden Zwecks. Dies wird damit begründet, dass für die Partner einer neLG regelmäßig weder gesetzliche Mitarbeitspflichten noch güterrechtliche Ausgleichsansprüche bestehen.[11] Allerdings betont der BGH zugleich, dass bei Fehlen eines die neLG übersteigenden Zwecks grundsätzlich Zweifel am Vorliegen eines Rechtsbindungswillens bestehen.

II. Gesellschaftsrechtlicher Ausgleich neben dem Zugewinnausgleich?

Soweit sich der Ausgleichsanspruch auf den Zeitraum der Ehe von M und F bezieht, könnte er aber durch die Möglichkeit des Zugewinnausgleichs verdrängt sein. Nach einer im Schrifttum und auch in Teilen der Rspr. vertretenen Auffassung ist ein gesellschaftsrechtlicher Ausgleich *subsidiär* gegenüber dem Zugewinnausgleich (sog. Ausschließlichkeitsgrundsatz). Wenn Ehegatten im gesetzlichen Güterstand leben, sei ein weitergehender Ausgleich nach gesellschaftsrechtlichen Grundsätzen nur dann zu rechtfertigen, wenn der insoweit vorrangige Zugewinnausgleich nicht zu einem angemessenen Ausgleich der Mitwirkung des Ehegatten in der unterneh-

---

[9] BGHZ 165, 1, 10 = NJW 2006, 1268, 1270.
[10] Bestätigt in BGH NJW 2008, 3277, 3278.
[11] BGH NJW 2008, 3277, 3278.

merischen Tätigkeit des anderen Ehegatten führe.[12] Der BGH hat demgegenüber mehrfach entschieden, dass der gesellschaftsrechtliche Ausgleich unabhängig und auch neben dem Zugewinnausgleich steht.[13] Das überzeugt, denn der Zugewinnausgleich dient gerade nicht dem Ausgleich eheübersteigender Leistungen. Solche Leistungen sind nur nach gesellschaftsrechtlichen Grundsätzen ausgleichsfähig, und zwar unabhängig davon, ob die Parteien im gesetzlichen Güterstand lebten oder einen Zugewinnausgleich – wie im vorliegenden Fall – ausgeschlossen haben.

> Damit kommt der Unterscheidung zwischen Leistungen, die der Verfolgung eines die eheliche Lebensgemeinschaft übersteigenden Zwecks dienen (sog. eheübersteigende Zuwendungen), und Leistungen, die lediglich der Ausgestaltung der ehelichen Lebensgemeinschaft dienen (sog. ehebedingte Zuwendungen), zentrale Bedeutung zu! Während bei eheübersteigenden Zuwendungen ein Ausgleich neben dem Zugewinnausgleich prinzipiell in Betracht kommt, sind ehebedingte Zuwendungen nur ausnahmsweise unter Zumutbarkeitserwägungen neben dem Zugewinnausgleich ausgleichsfähig (siehe dazu noch C. II. 2.).

III. Ehevertraglicher Ausschluss des gesellschaftsrechtlichen Ausgleichs?

Allerdings könnte durch den Ehevertrag zwischen M und F vom 17.4.2000 nicht nur der Zugewinnausgleich, sondern über den Wortlaut des Vertrags hinaus auch ein eventueller gesellschaftsrechtlicher Ausgleich ausgeschlossen worden sein.

Darin haben M und F erklärt, dass kein Zugewinn entstanden ist bzw. dass ein Zugewinn, soweit ein solcher entstanden ist, bereits ausgeglichen wurde bzw. auf den Ausgleich verzichtet wird. Zwar wurde nicht ausdrücklich auch auf gesellschaftsvertragliche Ansprüche verzichtet, doch könnte die Vereinbarung so auszulegen sein, dass auch der gesellschaftsrechtliche Ausgleich ausgeschlossen sein sollte. Dafür spricht, dass der Ehevertrag im unmittelbaren Vorfeld der Scheidung geschlossen wurde. Zu diesem Zeitpunkt besaßen M und F neben dem Unternehmen kaum Vermögen, auf das sich der Zugewinnausschluss hätte beziehen können. Wenn M und F gleichwohl den Ausschluss des Zugewinnausgleichs vereinbarten, liegt es nahe, dass sie dabei auch an Ausgleichsansprüche, die im Zusammenhang mit der Mitarbeit des M im Unternehmen der F entstanden sind, dachten, zumal sonst kaum Zugewinn ersichtlich war, auf den sich der Ausschluss beziehen könnte. Aus diesen Gründen ging das Berufungsgericht davon aus, dass der Zugewinnaus-

---

[12] So noch das Berufungsgericht (OLG München) in der Originalentscheidung, vgl. BGHZ 165, 1 = NJW 2006, 1268.
[13] BGHZ 155, 249, 255 = NJW 2003, 2982, 2983.

B. Lösung

gleich inhaltlich dem gesellschaftsrechtlichen Ausgleich entspricht und deshalb beides vom Ehevertrag erfasst sein sollte.[14]

Diese Auffassung übersieht die inhaltlichen Unterschiede zwischen dem Zugewinnausgleich und dem gesellschaftsrechtlichen Ausgleich. Die Begründung der Innengesellschaft erfolgte vor der Eheschließung (siehe oben B. I. 4.), und sie wurde zudem nicht mit der Trennung der Partner, sondern erst mit dem Austritt des M aus dem Unternehmen der F am 1.9.2000 beendet.[15] Damit erfasst der gesellschaftsrechtliche Anspruch einen anderen Zeitraum als der Zugewinnausgleich. Auch haben M und F ehevertraglich festgehalten, dass sie sich einig sind, dass kein Zugewinn entstanden ist. Auch dies lässt darauf schließen, dass sie den Wert des Unternehmens nicht als Zugewinn der Ehefrau, sondern als gesellschaftsrechtlichen Tatbestand angesehen haben. Es liegt daher näher, den vereinbarten Ausschluss des Zugewinnausgleichs nicht auch auf gesellschaftsrechtliche Ausgleichsansprüche zu erstrecken.

IV. Inhalt des Ausgleichsanspruchs

Der Ausgleichsanspruch ist auf Geld gerichtet. Die Rspr. stützt sich für die Bemessung des Ausgleichsanspruchs auf § 722 Abs. 1 BGB und nimmt grundsätzlich eine Halbteilung unabhängig von der Art und Gewicht der Beiträge der Ehegatten an.[16]

V. Ergebnis

M hat gegen F einen Anspruch auf Auszahlung des Auseinandersetzungsguthabens analog § 738 Abs. 1 S. 2 BGB, der – soweit von den Parteien keine andere Leistungsverteilung bewiesen wird – die Hälfte des Unternehmenswertes umfasst.

---

[14] BGHZ 165, 1, 4 = NJW 2006, 1268, 1270.

[15] Soweit – im Gegensatz zum vorliegenden Fall – keine Anhaltspunkte für eine weitere Zusammenarbeit bestehen, wird die Aufhebung der Gemeinschaft regelmäßig schon im Zeitpunkt der Trennung der Parteien anzunehmen sein, BGHZ 142, 137, 155 = NJW 1999, 2962, 2967.

[16] BGH NJW-RR 1990, 736; BGHZ 142, 137, 155 = NJW 1999, 2962, 2967; a. A. etwa *Röthel*, Jura 2006, 641, 648; Staudinger/*Habermeier* (2003), § 722 Rn. 4: analoge Anwendung von § 231 Abs. 1 HGB, leistungsbezogene Teilhabungsansprüche.

C. Anmerkungen

I. Rechtsprechung

Dem Fall liegt folgende BGH-Entscheidung zugrunde:
BGH, Urteil vom 28.9.2005 – XII ZR 189/02, BGHZ 165, 1 = NJW 2006, 1268

II. Ausgleich von Zuwendungen in der Ehe

1. Ausgleich von Zuwendungen im Rahmen des Zugewinnausgleichs

Leben die Ehegatten im gesetzlichen Güterstand der Zugewinngemeinschaft, d. h. ist der Zugewinnausgleich durch Ehevertrag weder modifiziert noch vollständig ausgeschlossen (§§ 1363 Abs. 1, 1414 ff. BGB), kann derjenige Ehegatte, der während der Ehe einen geringeren Zugewinn erzielt, von dem anderen hälftigen Ausgleich des Differenzbetrags verlangen (sog. Zugewinnausgleich, §§ 1372 ff., 1378 BGB).

Zuwendungen unter Ehegatten während der Ehe, die den Wert von Gelegenheitsgeschenken übersteigen (sog. Vorausempfang), sind gemäß § 1380 Abs. 1 BGB *im Zweifel* (§ 1380 Abs. 1 S. 2 BGB) auf den *Ausgleichsanspruch* aus § 1378 BGB anzurechnen. Dies bewirkt eine hälftige „Rückerstattung" der Zuwendung, weil sich die Ausgleichsforderung des Beschenkten um den Vorausempfang mindert.

Es bedarf in diesen Fällen einer zweiten Berechnung des Zugewinnanspruchs.[17] Zunächst ist der Wert der Zuwendung dem Zugewinn des Schenkers hinzuzurechnen (§ 1380 Abs. 2 S. 1 BGB). Anschließend ist der Wert der Zuwendung aus dem Endvermögen des Empfängers herauszurechnen.

Streitig ist, ob Zuwendungen unter Ehegatten zum sog. privilegierten Erwerb i. S. von § 1374 Abs. 2 BGB zu zählen sind. Danach werden Schenkungen, die ein Ehegatte während des Güterstands erhält, dem Anfangsvermögen zugerechnet. Dies hat zur Folge, dass sie nicht zu einer Erhöhung des Zugewinns und infolgedessen auch nicht zu Ausgleichsansprüchen führen. Der BGH beschränkt § 1374 Abs. 2 BGB in teleologischer Reduktion auf Zuwendungen *von Dritten*, da § 1374 Abs. 2 BGB nur Zuwendungen erfasse, die durch enge persönliche Beziehungen veranlasst seien und daher dem Empfänger unter Ausschluss des Ehegatten allein zugute kommen sollen.[18] Dagegen wird eingewendet, dass es auch bei Zuwendungen unter Ehegatten regelmäßig dem Willen der Beteiligten entsprechen werde, dass diese dem anderen Ehegatten allein zugute kommen sollen.[19]

---

[17] Siehe BGHZ 82, 227 ff. = NJW 1982, 1093 ff.; BGHZ 68, 299 ff. = NJW 1977, 1234 ff.; BGHZ 65, 320 ff. = NJW 1976, 328 ff.

[18] BGHZ 101, 65, 69 ff. = NJW 1987, 2814, 2815f.

[19] *Lipp*, JuS 1993, 89, 90f.; MünchKommBGB/*Koch*, 4. Aufl. 2000, § 1374 Rn. 23 m. w. N.; *Lüderitz/Dethloff*, Familienrecht, 28. Aufl. 2007, Rn. 103, 122; Staudinger/*Thiele* (2007), § 1380 Rn.

C. Anmerkungen

> Beispiel: M hat ein Anfangsvermögen von 20.000 €, F hat kein Anfangsvermögen. M hat ein Endvermögen von 20.000 €, F hat ein Endvermögen von 10.000 €. Daraus ergibt sich ein Zugewinn des M von 0 und ein Zugewinn der F von 10.000 €. M hat daher einen Ausgleichsanspruch gegen F in Höhe von 5.000 €. Hat F dem M während der Ehe 5.000 € zugewendet, ist eine neue Berechnung der Ausgleichsforderung erforderlich: Erstens ist der Wert der Zuwendung dem Zugewinn der F hinzuzurechnen (§ 1380 Abs. 2 BGB). Daraus ergibt sich ein erhöhter Zugewinn der F von 15.000 €. Zweitens ist auf der Seite des Empfängers die Zuwendung aus dem Endvermögen herauszurechnen; hier ergibt sich also ein Endvermögen des M von 15.000 €. Daraus resultiert ein Zugewinn des M von 0 und dementsprechend ein Ausgleichsanspruch gegen F in Höhe von 7.500 €. Auf diesen Ausgleichsanspruch muss sich M aber den Wert des Vorausempfangs (5.000 €) anrechnen lassen, so dass er im Ergebnis nur einen Ausgleichsanspruch in Höhe von 2.500 € hat.

§ 1380 BGB bewirkt jedenfalls dann, wenn der Empfänger der Zuwendung auch ausgleichsberechtigt i. S. von § 1378 BGB ist, eine Verringerung der Ausgleichsforderung, und zwar unabhängig davon, ob der Zuwendungsgegenstand noch im Vermögen des Empfängers vorhanden ist. Übersteigt der Wert der Zuwendung den Ausgleichsanspruch (sog. überschießende Zuwendung), kann eine Anrechnung nur bis zur Höhe des Ausgleichsanspruchs erfolgen; im Übrigen bleibt die Zuwendung unberücksichtigt.[20]

2. Ausgleich von Zuwendungen außerhalb des Zugewinnausgleichs

Soweit ausdrückliche Vereinbarungen nicht bestehen, haben sich in der Rspr. zwei Rechtsinstitute für einen schuldrechtlichen Ausgleich von Ehegattenzuwendungen herauskristallisiert. *Ehebedingte* (unbenannte) Zuwendungen werden in Ausnahmefällen nach den Grundsätzen des Wegfalls der Geschäftsgrundlage (§ 313 BGB) ausgeglichen, für *eheübersteigende* Zuwendungen kann ein Ausgleich nach den Regeln einer Innengesellschaft erfolgen (siehe die Lösung im Fall).

a) Ehebedingte (unbenannte) Zuwendungen sind keine Schenkungen

Grundannahme ist, dass Zuwendungen unter Ehegatten, die der Ausgestaltung der ehelichen Lebensgemeinschaft dienen (also keinen eheübersteigenden Zweck verfolgen), nicht unentgeltlich erfolgen i. S. der §§ 516 ff. BGB.[21] Wer seinem Ehegatten etwas „unbenannt" zuwende, wolle damit regelmäßig nicht freigiebig zum

---

[20] Näher BGHZ 115, 132, 139f. = NJW 1991, 2553, 2555.
[21] Etwa BGH NJW 2006, 2330.

einseitigen Vorteil des anderen handeln, sondern bezwecke die Verwirklichung der ehelichen Lebensgemeinschaft. Anderes gelte nur dann, wenn die Ehegatten sich ausdrücklich auf eine unentgeltliche Zuwendung geeinigt haben.[22] Dann wird aus der unbenannten Zuwendung durch die Einigung der Ehegatten eine Zuwendung mit benannter, abweichender Zwecksetzung.

> Ziel dieser Einordnung ehebedingter Zuwendungen als nicht unentgeltlich ist die Überwindung der starren Widerrufsgründe des § 530 BGB. So wird vermieden, dass über den Widerrufsgrund des „groben Undanks" letztlich nach dem Verschuldensprinzip entschieden wird, ob eine Zuwendung zurückzugewähren ist.

b) Rückgewähr unbenannter Zuwendungen wegen Nichterreichung des bezweckten Erfolgs (§ 812 Abs. 1 S. 2 Alt. 2 BGB)?

Auch eine bereicherungsrechtliche Rückgewähr unbenannter Zuwendungen nach Scheitern der Ehe wird in der Rspr. überwiegend abgelehnt. Ehebedingte Zuwendungen erfolgten nicht ohne Rechtsgrund, sondern aufgrund eines familienrechtlichen Vertrags sui generis, dessen Ziel – die Verwirklichung der ehelichen Lebensgemeinschaft – erreicht wurde i. S. von § 812 Abs. 1 S. 1 Alt. 1 sowie S. 2 Alt. 1 BGB. Die darüber hinausgehende Vorstellung, dass die Ehe Bestand habe, sei regelmäßig lediglich einseitiges Motiv (§ 812 Abs. 1 S. 2 Alt. 2 BGB). Anderes gelte nur, wenn der Zuwendungsempfänger die Zweckbestimmung – Zuwendung in Erwartung des Fortbestandes der Ehe – positiv kenne und durch Annahme der Leistung billige (Beweisfrage!); bloßes Kennenmüssen der weitergehenden Zweckbestimmung des Leistenden genüge nicht.[23]

> Auch hier liegt das eigentliche Ziel darin, die Entscheidung über die Rückgewährpflichtigkeit jenseits der verschuldensähnlich gefassten Kondiktionssperren in §§ 814, 815 BGB zu treffen. Dies gilt insbesondere für § 815 Alt. 2 BGB als Ausschlussgrund der condictio ob rem.

c) Billigkeitsausgleich ehebedingter Zuwendungen gemäß § 313 BGB

Als taugliche Rechtsgrundlage für Ausgleichsansprüche nach Scheitern der Ehe werden hingegen die Grundsätze der Störung der Geschäftsgrundlage angesehen (§ 313 BGB). Das ursprünglich aus § 242 BGB abgeleitete Rechtsinstitut ermöglicht eine

---

[22] *Schwab*, Familienrecht, 16. Aufl. 2008, Rn. 205, 207; sog. eheneutrale oder eheunabhängige Zuwendungen.
[23] BGHZ 115, 261, 263 = NJW 1992, 427, 428.

"weiche" Steuerung der Rückgewährpflicht. Es kommt darauf an, so der BGH, ob der Verbleib der Zuwendung beim Empfänger für den Zuwendenden „schlechthin unangemessen und für ihn unzumutbar" ist.[24] Es entscheiden also Zumutbarkeitserwägungen über die Rückgewährpflicht. Dabei spielt der Güterstand eine zentrale Rolle: Lebten die Ehegatten im gesetzlichen Güterstand der Zugewinngemeinschaft, werden Zuwendungen der Ehegatten untereinander bereits bei der Bemessung des Zugewinnanspruchs berücksichtigt: Ehebedingte Zuwendungen gelten als Zuwendungen i. S. des § 1380 BGB und sind daher auf den Zugewinn anzurechnen (siehe oben C. II. 1.). Der Zugewinnausgleich schließt daher im Regelfall eine auf § 313 BGB gestützte Rückabwicklung aus; es fehlt an der Unzumutbarkeit des Behaltendürfens der Zuwendung. Anders entscheidet der BGH nur, wenn es sich um „extreme Ausnahmefälle"[25] handelt, etwa wenn die Zuwendung überhaupt nicht in den Zugewinnausgleich eingeht, weil sie bereits vor der Ehe erfolgte.[26]

III. Ausgleich von Zuwendungen in der nichtehelichen Lebensgemeinschaft

1. Bisherige Rechtsprechung: Grundsatz der Nichtausgleichung

Bis zum Jahr 2008 lehnte die Rspr. Ausgleichsansprüche nach Scheitern einer neLG regelmäßig ab (Grundsatz der Nichtausgleichung). Ausgleichsansprüche nach den Grundsätzen des Wegfalls der Geschäftsgrundlage (§ 313 BGB) sowie aus condictio ob rem (§ 812 Abs. 1 S. 2 Alt. 2 BGB) wurden nur ausnahmsweise bejaht, soweit hierüber ausdrückliche Regelungen getroffen wurden.[27] Im Übrigen waren nach Auffassung des BGH Ausgleichsansprüche wegen Wegfalls der Geschäftsgrundlage und wegen Zweckwegfalls (§ 812 Abs. 1 S. 2 Alt. 2 BGB) von vornherein ausgeschlossen: Bei der nichtehelichen Lebensgemeinschaft bestehe „auch in wirtschaftlicher Hinsicht keine Rechtsgemeinschaft". Es handele sich um eine rein tatsächliche Beziehung, bei der die persönlichen Beziehungen derart im Vordergrund stünden, dass daraus das Fehlen einer Rechtsgemeinschaft folge. Das Vertrauen auf den Bestand der Gemeinschaft sei nicht schutzwürdig.[28]

2. Rechtsprechungsänderung im Jahr 2008

Von diesen Grundsätzen ist der BGH in zwei Entscheidungen aus dem Jahr 2008 abgerückt.[29] Dahinter steht die Einsicht, dass auch in einer Ehe die persönlichen

---

[24] BGHZ 115, 132, 138 = NJW 1991, 2553, 2555; BGHZ 119, 392, 397 = NJW 1993, 385, 386.
[25] BGHZ 82, 229, 236f. = NJW 1982, 1093, 1095; BGHZ 115, 132 = NJW 1991, 2553.
[26] BGHZ 115, 261, 264ff. = NJW 1992, 427, 428f.
[27] Grundlegend BGHZ 77, 55, 59 = NJW 1980, 1520, 1521.
[28] BGH NJW 1996, 2727; BGH NJW 1997, 3371, 3372.
[29] BGHZ 177, 193 = NJW 2008, 3277 und BGH NJW 2008, 3282.

Beziehungen im Vordergrund stehen, ohne dass daraus das Fehlen einer Rechtsgemeinschaft geschlossen würde. In der neLG sei das Vertrauen auf den Bestand der Lebensgemeinschaft ebenfalls schutzwürdig. Die Annahme, dass der Leistende das Scheitern der Lebensgemeinschaft bewusst in Kauf genommen habe, vermöge nicht länger zu überzeugen.

> Kern der Argumentation ist die Annäherung der neLG an die Ehe in Bezug auf den Vertrauenstatbestand und damit die Anerkennung einer „Rechtsgemeinschaft" der ne Lebensgefährten.

Zuwendungen, die nicht lediglich der Bedarfsdeckung der Lebensgemeinschaft dienen, können nunmehr nach Scheitern der Lebensgemeinschaft auch gemäß § 812 Abs. 1 S. 2 Alt. 2 BGB sowie nach den Grundsätzen des Wegfalls der Geschäftsgrundlage (§ 313 BGB) ausgleichspflichtig sein.[30] Ein Ausgleich gemäß § 812 Abs. 1 S. 2 Alt. 2 BGB setzt eine konkrete Zweckabrede voraus, wie sie etwa dann vorliegen kann, „wenn die Partner zwar keinen gemeinsamen Vermögenswert schaffen wollten, der eine aber das Vermögen des anderen in der Erwartung vermehrt hat, an dem erworbenen Gegenstand langfristig partizipieren zu können".[31]

Subsidiär (!)[32] kommt ein Ausgleichsanspruch nach den Grundsätzen über den Wegfall der Geschäftsgrundlage (§ 313 BGB) in Betracht, soweit einer gemeinschaftsbezogenen Zuwendung die Vorstellung oder Erwartung zugrunde lag, die Lebensgemeinschaft, deren Ausgestaltung sie gedient hat, werde Bestand haben.

> Die Rückabwicklung gemäß § 313 BGB erfasst etwa Fälle, in denen es mangels Mitwirkung an einem gemeinsamem Vermögenswert nicht zu gesellschaftsrechtlichen Ausgleichsansprüchen kommt oder in denen eine Zweckabrede i. S. des § 812 Abs. 1 S. 2 Alt. 2 BGB nicht festzustellen ist.

Nicht ausgleichspflichtig sind Zuwendungen im Rahmen des täglichen Zusammenlebens. Umgekehrt gilt: Gehen Zuwendungen über das hinaus, was das tägliche Zusammenleben erfordert, und haben sie zu einem messbaren und noch vorhandenen Vermögenszuwachs geführt, kann davon auszugehen sein, dass diese Leistungen nach einer stillschweigenden Übereinkunft zur Ausgestaltung der

---

[30] BGHZ 177, 193 = NJW 2008, 3277 und BGH NJW 2008, 3282.
[31] BGHZ 177, 193 = NJW 2008, 3277, 3280.
[32] Dass der BGH Ansprüche wegen Wegfalls der Geschäftsgrundlage gegenüber der condictio ob rem als subsidiär ansieht, verdient besondere Beachtung. Bisher ging der BGH beim Ausgleich ehebezogener Zuwendungen stets vom Vorrang des § 313 BGB gegenüber § 812 Abs. 1 S. 2 Alt. 2 BGB aus, vgl. Palandt/*Grüneberg*, 68. Aufl. 2009, § 313 Rn. 15 m. w. N.

Lebensgemeinschaft erbracht werden und darin ihre Geschäftsgrundlage haben.[33] Ein Ausgleichsanspruch besteht dann unter der zusätzlichen Voraussetzung, dass dem Zuwendenden die Beibehaltung der geschaffenen Vermögensverhältnisse nach Treu und Glauben nicht zuzumuten ist. Hierzu bedarf es einer Gesamtabwägung, bei der insbesondere das Gewicht der Zuwendungen zu berücksichtigen ist.

> Liegen die Voraussetzungen des § 313 BGB vor, etwa wegen erheblicher Mitarbeit an der Errichtung eines Wohnhauses (sog. Eigenleistungen), besteht ein Anspruch auf angemessene Beteiligung an dem gemeinsam Erarbeiteten (nicht: Ersatz üblicher Vergütung), allerdings begrenzt auf den Betrag, um den das Vermögen des anderen zur Zeit des Wegfalls der Geschäftsgrundlage noch vermehrt ist.[34]

IV. Reform des Zugewinnausgleichs

Beachte das Gesetzesentwurf zur Änderung des Zugewinnausgleichs- und des Vormundschaftsrechts (v. 6.7.2009).[35] Eine zentrale Änderung liegt darin, dass künftig auch negatives Anfangsvermögen in die Berechnung des Zugewinns eingeht (§ 1374 BGB n. F. BGBe. 2009 I,S. 1696ff.).

V. Lesehinweise

Zu BGH, Urteil vom 9.7.2008 – XII ZR 179/05, NJW 2008, 3277 (Ausgleich von Zuwendungen nach Scheitern einer nichtehelichen Lebensgemeinschaft) siehe die Besprechungen von *Wellenhofer*, JuS 2008, 1124; *Dethloff* JZ 2009, 418 und *Löhnig*, JA 2008, 895
Röthel, Rückgewähr von Zuwendungen durch Verlobte, Ehegatten, Lebenspartner, Jura 2006, 641
OLG Köln, Urteil vom 18.1.2002 – 19 U 56/01, NJW 2002, 3784 (Ausgleich von Zuwendungen beim Bau eines Einfamilienhauses)
BGH, Urteil vom 2.10.1991 – XII ZR 145/90, BHGZ 115, 261 = NJW 1992, 427 (Ausgleich von vorehelichen Zuwendungen)

---

[33] BGHZ 177, 193 = NJW 2008, 3277, 3281.
[34] BGHZ 177, 193 = NJW 2008, 3277, 3281.
[35] Siehe dazu *Hilbig*, Jura 2008, 922, Brudermüller, Fam kz 2008, 1195.

Fall 4: Einem geschenkten Haus schaut man nicht auf die Belastung?

A. Sachverhalt

Grundfall

Martha (M) ist verwitwete Alleineigentümerin eines Grundstücks, das mit einer Sicherungsgrundschuld zugunsten der B-Bank belastet ist. Am 4.8.2003 schließen M und ihre 15-jährige Tochter Tina (T) einen notariell beurkundeten „Überlassungsvertrag". Darin verpflichtet sich M, das Grundstück auf T zu übertragen, behält sich aber einen lebenslänglichen, unentgeltlichen Nießbrauch an dem Grundstück vor. Zugleich vereinbaren M und T, dass M als Nießbraucherin die außerordentlichen Lasten sowie die Kosten für außergewöhnliche Ausbesserungen und Erneuerungen tragen muss, ebenso wie die Zins- und Tilgungsleistungen für die der Grundschuld zu Grunde liegende Verbindlichkeit. Für den Fall, dass T zu Lebzeiten der M das Grundstück ganz oder teilweise ohne Zustimmung der M veräußern oder belasten sollte oder dass T vor M verstirbt, behält sich M ein Rücktrittsrecht vor.

Die Auflassung des Grundstücks an T wird ebenfalls sogleich beurkundet. Auch bewilligt T der M eine Vormerkung zur Sicherung des Rückübereignungsanspruchs für den Fall der Ausübung des Rücktrittsrechts.

Allerdings kommt es nicht zu den beim Grundbuchamt beantragten Eintragungen, da der zuständige Rechtspfleger aufgrund der beschränkten Geschäftsfähigkeit der T Zweifel an der Wirksamkeit der Auflassung hat. M und T werden daher aufgefordert, eine vormundschaftsgerichtliche Genehmigung einzuholen. M und T meinen, dass dies nicht erforderlich sei.

Wie können M und T ihre Rechtsauffassung durchsetzen? Werden sie damit Erfolg haben?

Abwandlung

M möchte, dass T vor ihrem 18. Geburtstag nichts von dem Geschäft erfährt. Kann M die erforderlichen Erklärungen vor dem Notar allein abgeben?

B. Lösung

Grundfall

I. Zulässigkeit der Beschwerde

1. Statthafter Rechtsbehelf

M und T möchten gegen eine Zwischenverfügung (§ 18 Abs. 1 S. 1 GBO) des zuständigen Rechtspflegers (§ 3 Nr. 1 lit. h RPflG) vorgehen. Statthafter Rechtsbehelf ist die Beschwerde gemäß § 71 GBO.

2. Zuständigkeit

Zuständig ist das Landgericht (§ 71 Abs. 1 GBO), in dessen Bezirk das Grundbuchamt seinen Sitz hat (§ 72 GBO).

3. Verfahrensfähigkeit

Als beschränkt Geschäftsfähige ist T analog §§ 104 ff. BGB oder analog § 52 ZPO nicht verfahrensfähig. Sie muss sich von M als ihrer gesetzlichen Vertreterin (§§ 1626 Abs. 1, 1629 Abs. 1 S. 1 BGB) vertreten lassen.

4. Beschwerdeberechtigung

M ist als Inhaberin des von der Eintragung betroffenen Rechts gemäß § 13 Abs. 1 S. 2 Alt. 1 GBO beschwerdeberechtigt. Die Beschwerdeberechtigung der T ergibt sich aus § 13 Abs. 1 S. 2 Alt. 2 GBO, da sie von der begehrten Eintragung begünstigt wäre.

II. Begründetheit der Beschwerde

Die Beschwerde ist begründet, wenn die beantragte Eintragung vorzunehmen war, weil ihr kein rechtliches Hindernis entgegen stand (vgl. § 18 Abs. 1 S. 1 GBO). Gemäß §§ 20, 29 GBO ist zur Eintragung eines neuen Eigentümers neben der Bewilligung des Veräußerers (§ 19 GBO) die dingliche Einigung über den Eigentumsübergang (Auflassung, § 925 BGB) in der Form des § 29 GBO erforderlich. Hier könnte es aufgrund der beschränkten Geschäftsfähigkeit der T an der *Wirksamkeit* der vorgelegten Auflassung fehlen.

B. Lösung

> Gemäß § 20 GBO darf die Eintragung des Erwerbers als neuer Eigentümer nur erfolgen, „wenn die erforderliche Einigung ... erklärt ist". Daraus wird gefolgert, dass die Eintragung nicht nur von der bloßen Vorlage der dinglichen Einigung (Auflassung) abhängig ist, sondern dass das Grundbuchamt die materiell-rechtliche Wirksamkeit der Einigung zu prüfen hat. Ggf. darf das Grundbuchamt die Eintragung bis zur Erteilung erforderlicher Genehmigungen, etwa durch das Vormundschaftsgericht, verweigern.[1]

1. Wirksamkeit der Auflassung?

T konnte nur dann wirksam für sich selbst handeln, wenn ihre Erklärung im Rahmen der Auflassung für sie rechtlich lediglich vorteilhaft war (§ 107 BGB).

> Eine Willenserklärung, die dem beschränkt Geschäftsfähigen einen rechtlichen Nachteil vermittelt, bedarf der Einwilligung bzw. Genehmigung des gesetzlichen Vertreters (§§ 107, 108 BGB), bei Kindern regelmäßig ihrer Eltern (§§ 1626 Abs. 1, 1629 Abs. 1 S. 1 BGB), die das Kind grundsätzlich gemeinschaftlich vertreten (§ 1629 Abs. 1 S. 2 BGB).
>
> Darüber hinaus bedürfen manche, als besonders riskant eingestufte Geschäfte neben der Einwilligung des gesetzlichen Vertreters zu ihrer Wirksamkeit zusätzlich der Genehmigung durch das Familiengericht (§ 1643 Abs. 1 i. V. mit §§ 1821, 1822 Nr. 1, 3, 5, 8–11 BGB). Schließlich ist der gesetzliche Vertreter von der Vertretung ausgeschlossen in den Fällen, in denen der Vormund von der Vertretung ausgeschlossen ist (§ 1629 Abs. 2 S. 1 i. V. mit § 1795 BGB). Dies betrifft Geschäfte, bei denen eine Interessenkollision zu befürchten ist, insbesondere sog. In-sich-Geschäfte (§§ 1795 Abs. 2, 181 BGB); dazu näher im Zusammenhang mit der Abwandlung.

Entscheidend sind allein die *rechtlichen* Vor- und Nachteile. Die wirtschaftliche Vorteilhaftigkeit des Geschäfts ist nicht entscheidend.

> Ein sog. *neutrales* Rechtsgeschäft, das für die Rechtsstellung des Minderjährigen weder Vor- noch Nachteile mit sich bringt, z. B. die Verfügung über einen fremden Gegenstand, kann der beschränkt Geschäftsfähige nach h. M. ohne Einwilligung wirksam vornehmen. Genauso wie im Rahmen von § 165 BGB werden neutrale Geschäfte als ungefährlich eingestuft.

---

[1] Vgl. BGHZ 161, 170, 173 = NJW 2005, 415, 416; vgl. auch BGHZ 78, 28, 31 = NJW 1981, 109. 110; zum Prüfungsumfang des Grundbuchamts etwa *Kuntze/Ertl/Herrmann/Eickmann*, Grundbuchrecht, 6. Aufl. 2006, § 20 Rn. 1.

Grundsätzlich ist der *Erwerb* des Eigentums an einem Grundstück rechtlich vorteilhaft. Allerdings könnten mit dem Eigentumserwerb Nachteile verbunden sein, die die Willenserklärung der T im Rahmen der Auflassung insgesamt als rechtlich nachteilig erscheinen lassen. So resultieren aus jedem Erwerb eines Grundstücks zumindest mittelbare rechtliche Nachteile, insbesondere bei bebauten Grundstücken die Haftung des Gebäudeeigentümers gemäß § 836 BGB sowie die Kostenschuldnerschaft für öffentliche Lasten (Grundsteuer und grundstücksbezogene Abgaben und Gebühren). Es ist daher zu überlegen, ob jeder auch noch so geringe und entfernte Nachteil im Rahmen von § 107 BGB beachtlich sein soll.

> Teilweise wird vertreten, dass auf gesetzlicher Anordnung beruhende Nachteile stets unbeachtlich seien.[2] Andere unterscheiden zwischen öffentlich-rechtlichen (unbeachtlichen) und privatrechtlichen (beachtlichen) Nachteilen.[3] Schließlich wird vorgeschlagen danach abzugrenzen, ob der Nachteil unmittelbare (dann beachtliche) Folge des Rechtsgeschäfts ist oder nicht.[4]

Bei der hierzu erforderlichen Auslegung der Gesetzesformulierung „nicht lediglich einen rechtlichen Vorteil erlangt" kommt es maßgeblich auf den Zweck des § 107 BGB an. Der Minderjährige soll vor solchen Nachteilen geschützt werden, die sein im Zeitpunkt der Willenserklärung vorhandenes Vermögen gefährden. Eine solche Gefährdung kann grundsätzlich auch durch Nachteile eintreten, die auf gesetzlichen oder öffentlich-rechtlichen Vorschriften beruhen.[5] Als rechtlich nachteilig kann sich daher auch der (dingliche) Erwerb von Grundeigentum darstellen, soweit daraus eine erhebliche Haftung des Minderjährigen mit seinem sonstigen Vermögen resultiert.[6]

a) Rechtlicher Nachteil durch das Risiko einer bereicherungsrechtlichen Haftung?

Die Auflassung des Grundstücks an T könnte dazu führen, dass T – sollte sich der schuldrechtliche Überlassungsvertrag als unwirksam erweisen – später von der M oder ihren Erben bereicherungsrechtlich auf Rückgewähr des Erlangten in Anspruch genommen wird (§ 812 Abs. 1 S. 1 Alt. 1 BGB).

Allerdings beschränkt sich die bereicherungsrechtliche Rückgewährpflicht grundsätzlich auf das Erlangte (§ 812 Abs. 1 BGB), soweit es noch im Zeitpunkt

---

[2] Etwa Soergel/*Hefermehl*, 13. Aufl. 1999, § 107 Rn. 1.
[3] MünchKommBGB/*Schmitt*, 5. Aufl. 2006, § 107 Rn. 39.
[4] OLG Celle MDR 2001, 931, 932; BayObLGZ 1998, 139, 144 = NJW 1998, 3574, 3576.
[5] Siehe etwa *Larenz/Wolf*, AT, 9. Aufl. 2004, § 25 Rn. 23; *Feller*, DNotZ 1989, 66, 70.
[6] BGH in diesem Fall BGHZ 161, 170, 175 = NJW 2005, 415, 417; zustimmend BGHZ 162, 137, 140 = NJW 2005, 1430, 1430f.

B. Lösung

des Rückgewährverlangens im Vermögen des Bereicherungsschuldners (hier T) vorhanden ist (§ 818 Abs. 3 BGB). Auch findet die Saldotheorie zulasten Minderjähriger keine Anwendung, und eine verschärfte Haftung Minderjähriger scheidet ebenfalls aus, weil sonst der Zweck des Minderjährigenschutzes umgangen würde. Daher bedeutet das Risiko einer bereicherungsrechtlichen Rückgewährpflicht regelmäßig keinen beachtlichen rechtlichen Nachteil.[7]

> Der zeitgleich geschlossene schuldrechtliche Überlassungsvertrag könnte sich aufgrund des Rücktrittsvorbehalts für M als rechtlich nachteilig für T erweisen, weil sie bei Ausübung des Rücktritts ggf. gemäß § 346 Abs. 2–4 BGB wertersatz- und schadensersatzpflichtig werden könnte. Diese Verpflichtungen wären aber allein eine Folge der insoweit nachteiligen *schuldrechtlichen* Vereinbarung, nicht des *dinglichen* Rechtserwerbs. Die Auflassung selbst führt nicht zu einer Haftung nach § 346 BGB. Zur Beziehung zwischen schuldrechtlichem und sachenrechtlichem Geschäft siehe auch die Hinweise in der Anmerkung.

b) Rechtlicher Nachteil durch dingliche Belastungen des Grundstücks?

Rechtliche Nachteile i. S. des § 107 BGB könnten aber darin liegen, dass T mit dem Erwerb des Grundstücks zugleich Belastungen übernimmt, hier die Grundschuld, der Nießbrauch und die Auflassungsvormerkung zugunsten der M.

Aus der Grundschuld resultiert für T gemäß §§ 1192 Abs. 1, 1147 BGB ggf. die Verpflichtung, die Zwangsvollstreckung in das Grundstück zu dulden. Sollte M ihren Zins- und Tilgungsverpflichtungen nicht nachkommen, folgt daraus aber gleichwohl keine über das Grundstück hinausgehende Haftung der T. Im Verwertungsfall könnte zwar der mit dem Eigentumserwerb verbundene rechtliche und wirtschaftliche Vorteil für T ggf. bis auf Null aufgezehrt werden, doch muss T keine Gefährdung ihres weiteren Vermögens befürchten.

> Auf den Grundstückseigentümer kommen allenfalls weitergehende Kosten für die Erlangung des Zwangsvollstreckungstitels zu (vgl. § 788 ZPO). Allerdings hat sich M hier der sofortigen Zwangsvollstreckung mit Wirkung gegen den jeweiligen Eigentümer unterworfen (§§ 800 Abs. 1, 794 Abs. 1 Nr. 5 ZPO), so dass bereits ein Vollstreckungstitel besteht. Eine über das Grundstück hinausgehende Haftung kann damit nicht mehr eintreten.

Auch der am Grundstück bestellte Nießbrauch (§ 1030 Abs. 1 BGB) mindert zwar den Vorteil des Grundstückserwerbs, bedeutet aber keinen darüber hinausgehenden

---

[7] BGH im vorliegenden Fall BGHZ 161, 170, 175f. = NJW 2005, 415, 417.

Nachteil für das Vermögen der T. Etwas anderes ergibt sich nur dann, wenn der Grundstückseigentümer dem Nießbraucher gegenüber verpflichtet ist, die außergewöhnlichen Ausbesserungen und Erneuerungen sowie die außergewöhnlichen Grundstückslasten zu tragen (vgl. § 1041 S. 2 BGB). Im vorliegenden Fall wurde dies vertraglich ausgeschlossen, so dass auch der Nießbrauch einer rechtlichen Vorteilhaftigkeit nicht entgegensteht.

Aus den vorgenannten Erwägungen stellt auch die am Grundstück der T bestellte Auflassungsvormerkung zugunsten der M (§ 883 Abs. 1 S. 2 BGB) keinen rechtlichen Nachteil dar. Die Vormerkung als solche dient lediglich der Sicherung eines Rückübertragungsanspruchs, ohne dass damit eine über den Verlust des Eigentums am Grundstück hinausgehende Schmälerung des Vermögens der T verbunden ist.

c) Rechtlicher Nachteil durch öffentliche Lasten?

Mit dem Eigentumserwerb wird T Kostenschuldnerin für die öffentlichen Lasten des Grundstücks, insbesondere für die Grundsteuer. Hierfür haftet der Eigentümer eines Grundstücks persönlich, d. h. mit seinem gesamten Vermögen. Daher liegt es nahe, in der Kostenschuldnerschaft für öffentliche Lasten einen beachtlichen rechtlichen Nachteil i. S. des § 107 BGB zu sehen.[8] Der BGH lehnt dies allerdings für solche Lasten ab, die wirtschaftlich derart unbedeutend sind, dass sie unabhängig von den Umständen des Einzelfalls eine Verweigerung der Genehmigung durch den Ergänzungspfleger nicht rechtfertigen könnten. Öffentliche Lasten wiesen nur ein ganz unerhebliches Gefährdungspotential auf, zumal sie sich nach dem Wert des Grundstücks bemessen und in ihrem Umfang regelmäßig begrenzt seien. Dadurch könne eine Vermögensgefährdung typischerweise nicht eintreten.[9]

> Anders dürfte aber für sog. außerordentliche Lasten wie Erschließungs- und Anliegerbeiträge zu entscheiden sein, soweit solche außerordentlichen Lasten konkret absehbar sind. Die bloß theoretische Möglichkeit, dass solche außergewöhnlichen Lasten zukünftig entstehen könnten, wird hingegen nicht als beachtlicher rechtlicher Nachteil i. S. des § 107 BGB angesehen.[10]

d) Zwischenergebnis

Die dingliche Einigung zwischen M und T birgt für T, folgt man dem BGH, keine relevanten rechtlichen Nachteile. T konnte ihre Willenserklärung gemäß § 107 BGB selbst wirksam abgeben.

---

[8] So etwa *Röthel/Krackhardt*, Jura 2006, 161, 165f.
[9] BGH im vorliegenden Fall BGHZ 161, 170, 179 = NJW 2005, 415, 418.
[10] BGH im vorliegenden Fall BGHZ 161, 170, 180 = NJW 2005, 415, 418.

2. Ergebnis

Die von M und T erklärte Auflassung war wirksam. Der beantragten Eintragung der T in das Grundbuch stand kein Hindernis i. S. des § 18 Abs. 1 S. 1 GBO entgegen. Die Verweigerung der Eintragung war rechtswidrig. Die Beschwerde ist somit begründet und hat Aussicht auf Erfolg.

Abwandlung

Die verwitwete M kann als alleinige gesetzliche Vertreterin ihrer Tochter (§§ 1626 Abs. 1 S. 1, 1629 Abs. 1 S. 1 und S. 3, 1680 BGB) grundsätzlich Erklärungen im Namen und mit Wirkung für T abgeben. Allerdings könnte M von der Vertretung gemäß §§ 1629 Abs. 2 S. 1, 1795 Abs. 2, 181 BGB ausgeschlossen sein, da M die Auflassung sowohl für sich als auch in Vertretung der T erklärte (sog. In-sich-Geschäft). Nach dem Wortlaut des § 181 BGB kann ein Vertreter ein In-sich-Geschäft nicht wirksam vornehmen. Allerdings ist § 181 BGB nach überwiegender Auffassung dahingehend teleologisch zu reduzieren, dass der Vertreter mangels Schutzbedürftigkeit des Vertretenen dann nicht von der Vertretung ausgeschlossen ist, wenn das Geschäft dem Vertretenen lediglich einen rechtlichen Vorteil gewährt.[11] Damit hängt die Wirksamkeit der von M für sich und in Vertretung der T erklärten dinglichen Einigung – wie im Ausgangsfall – davon ab, ob die Auflassung für T einen rechtlichen Nachteil mit sich bringt. Verneint man dies, so kann M die Auflassung auch allein mit Wirkung für T erklären.

Beachte: Gemäß § 181 Hs. 2 BGB ist ein In-sich-Geschäft ausnahmsweise dann zulässig, wenn es der Erfüllung einer Verbindlichkeit dient. Hierauf kann es bei *dinglichen* In-sich-Geschäften ankommen, die für den Erwerber mit rechtlichen Nachteilen verbunden sind. Einen solchen Fall hatte der BGH im Jahr 1980 zu entscheiden.[12] Dabei ging es um die schenkweise Übertragung von Wohnungseigentum auf einen beschränkt Geschäftsfähigen, wobei mit dem Erwerb des Wohnungseigentums Nachteile verbunden waren, die über die Lastenverteilung nach dem WEG hinausgingen. Weil aber das schuldrechtliche Geschäft (Schenkung) für den Minderjährigen (eigentlich) rechtlich vorteilhaft war, hätte § 181 Hs. 2 BGB (eigentlich) zur Folge haben müssen, dass das dingliche Geschäft ebenfalls durch zulässiges In-sich-Geschäft erklärt werden konnte.

Dieses Ergebnis ist ganz überwiegend als bedenkliche Umgehung des Minderjährigenschutzes eingeschätzt worden. Der *BGH* hat einen Ausweg darin gesucht, dass er bereits bei der Beurteilung der rechtlichen Vorteilhaftigkeit des schuldrechtlichen Geschäfts (!) eine sog. *Gesamtbetrachtung* von schuldrechtlichem und (nachteiligem) dinglichem Geschäft vorgenommen hat. Aus dieser Gesamtbetrachtung folgerte er die rechtliche Nachteilhaftigkeit des – bei isolierter Betrachtung eigentlich vorteilhaften – schuldrechtlichen Geschäfts

---

[11] BGHZ 59, 236, 240 = NJW 1972, 2262, 2263.
[12] BGHZ 78, 28 = NJW 1981, 109.

und vermied so die Anwendung des § 181 Hs. 2 BGB auf dinglicher Ebene. Im Schrifttum ist die Gesamtbetrachtung als Durchbrechung des Trennungs- und Abstraktionsprinzips kritisiert worden. Alternativ wird eine teleologische Reduktion des § 181 Hs. 2 BGB dahingehend vorgeschlagen, dass rechtlich nachteilige In-sich-Geschäfte in Vertretung eines beschränkt Geschäftsfähigen auch nicht in Erfüllung einer Verbindlichkeit vorgenommen werden können.[13]

In Reaktion auf die intensive Kritik des Schrifttums an der Gesamtbetrachtungslehre deuten sich auch beim BGH inzwischen Begrenzungstendenzen an. So hatte das Berufungsgericht in dem hier als Ausgangsfall dargestellten Fall noch eine Gesamtbetrachtung von schuldrechtlichem und sachenrechtlichen Geschäft vorgenommen, um das (eigentlich) vorteilhafte dingliche Geschäft aufgrund der mit dem schuldrechtlichen Geschäft verbunden rechtlichen Nachteile ebenfalls als nachteilig zu qualifizieren.[14] Dieser Konstruktion ist der BGH entgegen getreten und hat klargestellt, dass eine Gesamtbetrachtung zumindest dann ausscheidet, wenn es um die Wirksamkeit des *dinglichen* Geschäfts geht.[15] Damit ist die (verfehlte) Konstruktion der Gesamtbetrachtung immerhin auf den Anwendungsbereich des § 181 Hs. 2 BGB begrenzt.[16] Ob sich damit auch insgesamt ein Abschied von der fragwürdigen Gesamtbetrachtungslehre andeutet, bleibt abzuwarten.[17]

---

[13] Siehe etwa *Feller*, DNotZ 1989, 66, 75 ff.; *Jauernig*, JuS 1982, 576, 577; *Ultsch*, Jura 1998, 524, 528; *Faust*, BGB AT, 2. Aufl. 2007, § 28 Rn. 42.
[14] BayObLG FamRZ 2004, 1055, 1056.
[15] BGH im vorliegenden Fall BGHZ 161, 170, 173 = NJW 2005, 415, 416f.
[16] Vgl. BGHZ 161, 170, 174f. = NJW 2005, 415, 417.
[17] Siehe die Einschätzungen von *Emmerich*, JuS 2005, 457, 459; *Staudinger*, Jura 2005, 547 ff. und *Röthel/Krackhardt*, Jura 2006, 161, 163f.

C. Anmerkungen

I. Rechtsprechung

Dem Fall liegt folgende BGH-Entscheidung zugrunde:
BGH, Beschluss vom 25.11.2004 – V ZB 13/04, BGHZ 161, 170 = NJW 2005, 415

II. Grenzen der elterlichen Vertretungsbefugnis (§§ 1629, 1643 BGB)

Die Befugnis der Eltern zur Vertretung ihres Kindes ergibt sich aus §§ 1626 Abs. 1 S. 1, 1629 BGB: Sie ist Bestandteil der elterlichen Personen- und Vermögenssorge, die nicht nur die tatsächliche Sorge, sondern auch die Vertretung des Kindes erfasst. Grundsätzlich vertreten die Eltern das Kind gemeinschaftlich (§ 1629 Abs. 1 S. 2 Hs. 1 BGB). Bei Geschäften des täglichen Lebens ist jedoch davon auszugehen, dass ein Elternteil den anderen stillschweigend ermächtigt hat, alleine zu handeln. Alleinvertretungsbefugnis besteht im Übrigen bei Gefahr im Verzug (§ 1629 Abs. 1 S. 4 BGB) oder wenn einem Elternteil die elterliche Sorge allein zusteht (§ 1629 Abs. 1 S. 3 BGB). Ist eine Willenserklärung dem Kind gegenüber abzugeben, so genügt die Abgabe gegenüber einem Elternteil (§ 1629 Abs. 1 S. 2 H. 2 BGB).

Die Eltern sind in Einzelfällen von der Vertretung *ausgeschlossen*. Praktisch bedeutsam ist die Beschränkung der Vertretungsbefugnis in §§ 1629 Abs. 2, 1795 BGB bei vermuteten Interessenkollisionen. Der Ausschluss betrifft einerseits In-sich-Geschäfte (§§ 1629 Abs. 2, 1795 Abs. 2, 181 BGB, siehe dazu oben in der Abwandlung) sowie den Abschluss von Geschäften für das Kind mit Personen, die dem gesetzlichen Vertreter nahestehen, wie z. B. dem Ehepartner des gesetzlichen Vertreters (§ 1795 Abs. 1 Nr. 1 BGB).

Beschränkungen der Vertretungsmacht resultieren aus § 1643 Abs. 1 i. V. mit §§ 1821, 1822 Nrn. 1, 3, 5, 8–11 BGB (z. B. Verfügung über ein Grundstück des Kindes, § 1822 Nr. 1 BGB; nicht: Eigentumserwerb an einem Grundstück oder Erwerb von Belastungen im Zusammenhang mit einem Eigentumserwerb)[18] und aus § 1643 Abs. 2 BGB.

> Beachte: Das Genehmigungserfordernis bei Handeln eines gesetzlichen Vertreters gemäß § 1643 Abs. 1 BGB erfasst nicht alle nach § 1822 BGB für einen Vormund genehmigungspflichtigen Geschäfte, sondern erstreckt sich

---

[18] MünchKommBGB/*Wagenitz*, 5. Aufl. 2008, § 1821 Rn. 22 ff.

> nur auf die ausdrücklich benannten Ziffern (§ 1822 Nr. 1, 3, 5, 8–11 BGB). Die auf Abschluss eines Dienstvertrags gerichtete Willenserklärung des beschränkt geschäftsfähigen Kindes können die Eltern ohne Zustimmung des Familiengerichts genehmigen; der an § 1822 Nr. 7 BGB gebundene Vormund kann dies nicht.

Zum Abschluss dieser in § 1643 BGB aufgeführten Rechtsgeschäfte bedürfen die Eltern der Zustimmung des Familiengerichts. Bis zur Erteilung der gerichtlichen Genehmigung sind die Geschäfte schwebend unwirksam bzw. werden mit Verweigerung der Genehmigung endgültig unwirksam (§ 1643 Abs. 3 i. V. mit §§ 1828–1831 BGB). Die Erklärung des Kindes bedarf in diesen Fällen also sowohl der Zustimmung der Eltern gemäß § 107 BGB als auch zusätzlich der des Familiengerichts gemäß §§ 1643 Abs. 1, 1828 Abs. 1 BGB.

> Mit der Vollendung des 18. Lebensjahres kommt es auf die Genehmigung des vormals Minderjährigen selbst an; seine Genehmigung ersetzt sowohl die Zustimmung der Eltern (§ 108 Abs. 3 BGB) als auch die Zustimmung des Familiengerichts (§§ 1643 Abs. 3, 1829 Abs. 3 BGB). Der vormals Minderjährige ist in seiner Entscheidung über die Erteilung der Genehmigung völlig frei; es besteht kein Anspruch des Vertragspartners auf Erteilung der Genehmigung.[19]

III. Gesetzliche Vertretung in anderen Fällen

1. Vormundschaft (§§ 1773 ff. BGB)

Vormundschaft ist die rechtlich geregelte Sorge für einen Minderjährigen, der nicht unter elterlicher Sorge steht oder dessen Eltern nicht sorgeberechtigt sind (§ 1773 Abs. 1 BGB) oder dessen Familienstand nicht zu ermitteln ist (§ 1773 Abs. 2 BGB).

An die Stelle der Eltern als gesetzliche Vertreter tritt der durch das Vormundschaftsgericht bestellte Vormund (§ 1789 BGB). Der Vormund ist sorge- und insbesondere vertretungsberechtigt (§ 1793 BGB), soweit er nicht von der Vertretung ausgeschlossen ist (§ 1795 BGB) oder zusätzlich der vormundschaftsgerichtlichen Genehmigung bedarf (§§ 1821, 1822 BGB).

---

[19] MünchKommBGB/*Wagenitz*, 5. Aufl. 2008, § 1829 Rn. 33; Ausnahmefall Verwirkung: LG Wuppertal NJW-RR 1995, 152.

2. Rechtliche Betreuung (§§ 1896 ff. BGB)

Von der Vormundschaft für Minderjährige zu unterscheiden ist die Anordnung einer Betreuung für Erwachsene. Eine Betreuung wird angeordnet, wenn ein Erwachsener auf Grund einer psychischen Krankheit oder einer körperlichen, geistigen oder seelischen Behinderung seine Angelegenheiten ganz oder teilweise nicht selbst regeln kann (§ 1896 Abs. 1 S. 1 BGB).

Eine Betreuung wird durch das Vormundschaftsgericht auf Antrag des Betroffenen oder von Amts wegen angeordnet (§ 1896 Abs. 1 S. 1 BGB). Ein Betreuer darf nur bestellt werden, soweit die Betreuung erforderlich ist, also nur für Aufgaben, die der Erwachsene nicht mehr selbst bewältigen kann (§ 1896 Abs. 2 S. 1 BGB) und nur soweit der Erwachsene nicht auf andere Art und Weise – etwa durch Bestimmung eines Bevollmächtigten (sog. Vorsorgevollmacht) – ausreichende Vorkehrungen zur Regelung seiner Angelegenheiten getroffen hat (§ 1896 Abs. 2 S. 2 BGB). Gegen den freien Willen des Volljährigen darf ein Betreuer nicht bestellt werden (§ 1896 Abs. 1a BGB).

Innerhalb des ihm übertragenen Aufgabenkreises ist der Betreuer gesetzlicher Vertreter des Betreuten (§ 1902 BGB). Beschränkungen seiner Vertretungsmacht ergeben sich aus den Verweisungen in § 1908i Abs. 1 BGB auf das Vormundschaftsrecht (§§ 1821, 1822, 1795 BGB).

> Beachte: Die Anordnung einer Betreuung bewirkt nicht automatisch den Verlust der Geschäftsfähigkeit des Betroffenen. Darin unterscheidet sich das deutsche Betreuungsrecht von zahlreichen ausländischen Rechtsordnungen. Vielmehr kann der Erwachsene weiterhin selbst Rechtsgeschäfte abschließen, soweit für dieses Rechtsgeschäft nicht ausdrücklich ein Einwilligungsvorbehalt angeordnet ist (§ 1903 BGB) und der Betreute beim Abschluss des Rechtsgeschäfts nicht geschäftsunfähig ist (§ 104 Nr. 2 BGB). Entscheidend ist also die konkrete Geschäftsfähigkeit des Betreuten; hierauf hat die Einrichtung einer Betreuung – anders als die früher auch dem deutschen Recht bekannte „Entmündigung" als Entzug der Geschäftsfähigkeit – keinen Einfluss.

3. Pflegschaft (§§ 1909 ff. BGB)

Pflegschaft ist situative Fürsorge für Minderjährige und Volljährige, die Beschränkungen der Geschäftsfähigkeit weder voraussetzt noch zur Folge hat. Praktisch bedeutsam ist die sog. *Ergänzungspflegschaft* für den Abschluss von Geschäften, bei denen der gesetzliche Vertreter (Eltern) oder der Vormund von der Vertretung ausgeschlossen sind (§ 1909 BGB), etwa wegen unzulässigen In-sich-Geschäfts (§§ 1629 Abs. 2 S. 1, 1795 Abs. 2, 181 BGB, siehe den Fall oben), sowie die *Abwesenheitspflegschaft* für einen Volljährigen, dessen Aufenthalt unbekannt ist (§ 1911 BGB).

IV. Lesehinweise

Röthel/Krackhardt, Lediglich rechtlicher Vorteil und Grunderwerb, Jura 2006, 161
Staudinger, Abschied von der Gesamtbetrachtungslehre, Jura 2005, 547

Fall 5: Auf dem Spielplatz

A. Sachverhalt

Klaus (K) ist zwei Jahre alt und lebt bei seiner Mutter Martha (M), die das alleinige Sorgerecht für K hat. Mit dem Vater des K, Viktor (V), hat M eine einvernehmliche Umgangsregelung getroffen. In diesem Rahmen geht V mit K auf einen Spielplatz, der von der Stadt S unterhalten wird. Am Eingang zum Spielplatz hat S ein Schild mit einer „Benutzungsordnung" aufgestellt. Danach ist der Spielplatz für alle Kinder bis 12 Jahre freigegeben.

Bei der Benutzung der Rutsche stürzt K aus einer Höhe von 1,50 m auf den Asphaltboden und verletzt sich schwer. Ursächlich für den Sturz ist sowohl eine mangelhafte Sicherung der Rutsche durch S als auch eine leicht fahrlässige Unaufmerksamkeit des V. M verlangt nun im Namen des K Schadensersatz und Schmerzensgeld von S. S beruft sich auf die Aufsichtspflichtverletzung des V und meint, die Ansprüche bestünden jedenfalls nicht in voller Höhe.

Welche Ansprüche hat K?

B. Lösung

I. Anspruch des K gegen S gemäß § 280 Abs. 1 BGB

K könnte einen Anspruch gegen S auf Schadensersatz (§§ 249, 251 BGB) und Schmerzensgeld (§ 253 Abs. 2 BGB) aus § 280 Abs. 1 BGB wegen schuldhafter Pflichtverletzung haben.

> Bis zur Schuldrechtsreform im Jahr 2002[1] bestand nur im Rahmen deliktischer Haftung ein Anspruch auf Schmerzensgeld (§ 847 BGB a. F.). Mit § 253 Abs. 2 BGB ist diese Unterscheidung zwischen vertraglicher und deliktischer Haftung für die Gewährung von Schmerzensgeld aufgegeben worden, allerdings unter der Voraussetzung, dass eines der in § 253 Abs. 2 BGB genannten Rechtsgüter – Körper, Gesundheit, (Bewegungs-)Freiheit oder sexuelle Selbstbestimmung – verletzt wurde.

1. Verletzung einer Pflicht aus einem Schuldverhältnis

Ein Anspruch aus § 280 Abs. 1 BGB setzt das Bestehen eines Schuldverhältnisses zwischen S und K voraus. In Betracht kommt hier ein Schuldverhältnis in Form eines Benutzungsverhältnisses für den Spielplatz, das durch die tatsächliche Benutzung des Spielplatzes im Rahmen der von S erlassenen Benutzungsordnung entstanden sein könnte.

Es ist grundsätzlich möglich, mit den Benutzern einer Einrichtung, deren Benutzung durch eine Benutzungsordnung gestattet und geregelt ist, ein Benutzungsverhältnis als schuldrechtliche Sonderbeziehung zu begründen. Entscheidend ist, ob der nach dem objektiven Empfängerhorizont auszulegende Parteiwille (§§ 133, 157 BGB) dahin geht, zwischen den Parteien im Verhältnis zum Deliktsrecht *gesteigerte* Rechts- und Pflichtenstellungen zu begründen. Hier hat S lediglich den Benutzerkreis eingeschränkt und einige Benutzungsregeln aufgestellt. Daraus resultiert auch aus der Perspektive der Benutzer noch keine gesteigerte Einstandspflicht der S, zumal die meisten öffentlichen Einrichtungen mit Benutzungsordnungen versehen sind, ohne dass stets die Begründung eines besonderen Schuldverhältnisses gewollt ist (a. A. gut vertretbar).[2]

2. Ergebnis

Da durch die Benutzung des Spielplatzes kein Schuldverhältnis zwischen K und S entstanden ist, besteht kein Anspruch des K gegen S gemäß § 280 BGB.

---

[1] Gesetz zur Modernisierung des Schuldrechts, BGBl. 2001 I, S. 3138 ff.
[2] Vgl. BGHZ 103, 338, 342f. = NJW 1988, 2667, 2668 sowie *Lange*, JZ 1989, 48.

B. Lösung

II. Anspruch des K gegen S gemäß § 823 Abs. 1 BGB

Ein Anspruch des K gegen S auf Schadensersatz einschließlich Ersatz eines Nichtvermögensschadens (Schmerzensgeld) könnte sich aber aus § 823 Abs. 1 BGB ergeben. Dazu müsste S schuldhaft ein Rechtsgut des K verletzt und dadurch zurechenbar einen Schaden herbeigeführt haben.

1. Tatbestandsmäßigkeit

K erlitt durch den Sturz von der Rutsche auf den Asphaltboden eine Körperverletzung. Die Rechtsgutsverletzung wäre nicht eingetreten, wenn S sich pflichtgemäß verhalten hätte, nämlich wenn sie in Erfüllung ihrer Verkehrssicherungspflicht die Rutsche ausreichend gegen Sturzgefahren gesichert hätte. Das die Verkehrssicherungspflicht bestimmende Maß an Sicherheitsvorkehrungen muss sich nach dem Alter der jüngsten Kinder richten, die für die Benutzung des Spielgeräts in Frage kommen.[3] Der Spielplatz war ohne Einschränkung für Kinder bis 12 Jahren freigegeben, so dass die Verkehrssicherungspflicht die Absicherung des Spielplatzes auch für erst zwei Jahre alte Kinder wie K beinhaltet. Der Eintritt der Rechtsgutsverletzung beruht adäquat-kausal und zurechenbar auf der Verletzung der Verkehrssicherungspflicht. Zugleich hat S damit die im Verkehr erforderliche Sorgfalt (§ 276 BGB) außer Acht gelassen und somit fahrlässig den Körper des K verletzt.

2. Haftungsumfang

Gemäß § 249 Abs. 1 BGB muss S den bei K kausal und zurechenbar entstandenen Schaden ersetzen; für den Schaden, der nicht Vermögensschaden ist, schuldet S gemäß § 253 Abs. 2 BGB Ausgleich in Form eines Schmerzensgeldes.

a) Anspruchskürzung gemäß § 254 Abs. 1, Abs. 2 BGB

Der Anspruch des K könnte aber aufgrund Mitverschuldens – entweder bei der Schadensentstehung (§ 254 Abs. 1 BGB) oder bei der Schadensminderung (§ 254 Abs. 2 BGB) – zu kürzen sein. Ein eigenes Mitverschulden des K kommt hier jedoch nicht in Betracht, da K als Zweijähriger nicht deliktsfähig ist (§ 828 Abs. 1 BGB).

b) Anspruchskürzung gemäß §§ 254 Abs. 1, Abs. 2 i. V. mit § 278 BGB

Allerdings könnte K die mangelhafte Aufsicht durch V nach § 278 S. 1 BGB im Rahmen des Mitverschuldens zuzurechnen sein. Nach allgemeiner Ansicht bezieht

---

[3] BGH im vorliegenden Fall, BGHZ 103, 338 = NJW 1988, 2667.

sich § 254 Abs. 2 S. 2 BGB, der die Anwendbarkeit des § 278 BGB anordnet, entgegen seiner systematischen Stellung nicht nur auf § 254 Abs. 2 S. 1 BGB (Verletzung der Schadensminderungspflicht). Er ist vielmehr wie ein eigenständiger dritter Absatz zu lesen und auch auf das Mitverschulden bei der Schadensentstehung (§ 254 Abs. 1 BGB) anwendbar.[4]

Gemäß § 278 S. 1 BGB muss sich ein Schuldner das Verschulden seines gesetzlichen Vertreters zurechnen lassen. Rspr. und Lehre sehen in § 254 Abs. 2 S. 2 BGB eine Rechtsgrundverweisung. Das hat zur Folge, dass eine Zurechnung nach § 278 BGB nur in einer bereits bestehenden rechtlichen Sonderbeziehung in Betracht kommt.[5] Da hier im Schädigungszeitpunkt zwischen K und S kein Sonderrechtsverhältnis bestand,[6] müsste sich K ein Verschulden des V auch nicht nach § 278 S. 1 BGB zurechnen lassen.

Nach a. A. stellt § 254 Abs. 2 S. 2 BGB nur eine Rechtsfolgenverweisung dar, so dass sich der Geschädigte auch außerhalb einer bereits bestehenden Sonderverbindung das Verschulden seines Vertreters zurechnen lassen muss.[7] Dies würde aber dazu führen, dass der deliktisch Geschädigte ohne Entlastungsmöglichkeit haften müsste, der Schädiger hingegen nur nach § 831 BGB für Dritte einzustehen hätte. Gerade bei gesetzlichen Vertretern ist deshalb eine Zurechnung außerhalb eines bestehenden Schuldverhältnisses nicht interessengerecht.[8]

> Hier zeigt sich einer der zentralen Unterschiede zwischen der vertraglichen und der deliktischen Haftung: Im Rahmen bestehender Schuldverhältnisse ist Fehlverhalten Dritter gemäß § 278 BGB zuzurechen; im Rahmen deliktischer Haftung kommt nur eine Inanspruchnahme des Geschäftsherrn gemäß § 831 BGB (eigene Anspruchsgrundlage) mit Exkulpationsmöglichkeit in Betracht.

---

[4] BGHZ 1, 248, 249 = NJW 1951, 477; BGHZ 3, 46, 48 = JZ 1951, 749; Palandt/*Heinrichs*, 68. Aufl. 2009, § 254 Rn. 53.

[5] Etwa BGHZ 73, 190, 192 = NJW 1979, 973; MünchKommBGB/*Oetker*, 5. Aufl. 2007, § 254 Rn. 127 ff.; im Ergebnis ebenso BGH im vorliegenden Fall BGHZ 103, 338, 342f. = NJW 1988, 2667, 2668.

[6] Siehe oben unter B. I. 1.

[7] *Gernhuber*, AcP 152 (1952/53), 69 ff.; *Schlechtriem/Schmidt-Kessel*, SchuldR AT, 6. Aufl. 2005, Rn. 315.

[8] Vgl. BGH im vorliegenden Fall BGHZ 103, 338, 343 = NJW 1988, 2667, 2668; auch die Befürworter einer Rechtsfolgenverweisung lehnen im Falle des Handelns eines gesetzlichen Vertreters (§ 278 Abs. 1 S. 1 Alt. 1 BGB) im Ergebnis eine Zurechnung außerhalb von Schuldverhältnissen ab, denn anders als die sonstigen Hilfspersonen des § 278 Abs. 1 S. 1 BGB könnten sich Kinder ihre gesetzlichen Vertreter nicht aussuchen und zögen im deliktischen Bereich keinen Vorteil aus deren Handeln, vgl. *Hager* NJW 1989, 1640, 1642.

B. Lösung

c) Anspruchskürzung aufgrund sog. Haftungseinheit

Ungeachtet der §§ 254, 278 BGB könnte die Aufsichtspflichtverpflichtung des V zu einer Anspruchskürzung des K führen, wenn V und K eine sog. Haftungseinheit bildeten. Eine Haftungseinheit läge vor, wenn sowohl K als auch V den Unfall in zurechenbarer Weise verursacht hätten, ihr Verursachungsbeitrag aber wertungsmäßig zu einer einheitlichen nur einmal zu berücksichtigenden Verursachungsquote zusammengefasst werden könnte. Da K jedoch nicht deliktsfähig ist und den Unfall nicht in zurechenbarer Weise mitverursacht haben kann, kann auch eine Haftungsseinheit zwischen K und V nicht entstehen.[9]

d) Anspruchskürzung nach den Grundsätzen der „gestörten Gesamtschuld"

Allerdings könnte der Anspruch des K nach den Grundsätzen der sog. „gestörten Gesamtschuld" zu kürzen sein.

> Mit „gestörter Gesamtschuld" sind Fallgestaltungen gemeint, in denen zwei Schädiger an der Schadensentstehung als Gesamtschuldner beteiligt sind, aber einem Schädiger eine Haftungsprivilegierung zugute kommt. Nimmt der Geschädigte den nicht-privilegierten Schädiger in Anspruch, stellt sich die Frage, ob dieser entsprechend den Regeln der Gesamtschuld (§ 421 BGB) vollen Schadensersatz leisten muss oder ob er sich darauf berufen kann, dass er im Innenverhältnis entgegen § 426 BGB vom privilegierten Schädiger keinen Regress erlangen kann, weil jener aufgrund seiner Privilegierung dem Geschädigten gegenüber eigentlich nicht haftet. Diesen Fall bezeichnet man als „gestörte Gesamtschuld", obwohl genau genommen aufgrund der Haftungsfreistellung des einen Schädigers keine Gesamtschuld i. S. der §§ 840, 421 BGB entstanden ist.
>
> Die Rspr. unterscheidet danach, ob die Haftungsprivilegierung auf einer vertraglichen Vereinbarung mit dem Geschädigten oder auf einer gesetzlichen Anordnung beruht. Ist ein Schädiger *vertraglich* privilegiert, kann der Geschädigte nach Auffassung der Rspr. den nicht-privilegierten Schädiger in voller Höhe in Anspruch nehmen. Zugleich billigt die Rspr. dem nicht-privilegierten Schädiger uneingeschränkten Regress gegen den privilegierten Schädiger zu, so dass die vertragliche Privilegierung eigentlich leerläuft; möglich soll aber ein weiterer Regress des privilegierten Schädigers beim Geschädigten als seinem Vertragspartner sein (sog. Regresskreisel).[10] In der Literatur wird demgegenüber eine Kürzung des Anspruchs gegen den nicht-privilegierten Schädiger um den Verantwortungsteil des privilegierten Schä-

---

[9] Dagegen hat der BGH in einem Fall, in dem das Kind deliktsfähig war, eine Haftungseinheit zwischen dem Kind und seinem gesetzlichen Vertreter bejaht, BGH NJW 1978, 2392.

[10] BGH NJW 1983, 216, 219 ff.

> digers befürwortet, so dass der Geschädigte unmittelbar die Folgen seines Haftungsverzichts tragen muss.[11]
> Anders entscheiden Rspr. und Schrifttum aber in Fällen einer *gesetzlichen* Haftungsprivilegierung eines Schädigers, etwa für Arbeitsunfälle (§ 104 SGB VII). Dann soll stets eine direkte Kürzung des Anspruchs des Geschädigten gegen den nicht-privilegierten Schädiger erfolgen, so dass der nicht-privilegierte Schädiger gegenüber dem Geschädigten nur für den auf ihn entfallenden Verursachungsbeitrag haftet.[12] In unserem Zusammenhang stellt sich dabei die Frage, ob auch die Haftungsbeschränkung des § 1664 BGB zu einer solchen Anspruchskürzung führen kann (dazu sogleich im Fall).

Eine Anspruchskürzung im Verhältnis zu S nach den Regeln der gestörten Gesamtschuld kommt dann in Betracht, wenn neben S auch V an der Schadensverursachung beteiligt war, V aber aufgrund einer Haftungsprivilegierung nicht von K in Anspruch genommen werden kann und daher ein Rückgriff des S bei V scheitern würde.

aa) Haftung des V

Hier könnte V dem K gemäß § 1664 BGB wegen Verletzung der aus dem Umgangsrecht des V resultierenden Aufsichtspflicht (vgl. § 1631 Abs. 1 BGB) verantwortlich sein.

> Nach der wohl überwiegenden Auffassung enthält § 1664 BGB nicht nur eine Aussage über den Maßstab des Vertretenmüssens, sondern auch die maßgebliche Anspruchsgrundlage.[13] Soweit § 1664 BGB nicht als eigene Anspruchsgrundlage angesehen wird,[14] sind Haftungsansprüche von Kindern gegen ihre Eltern auf § 280 Abs. 1 BGB wegen Verletzung der aus dem besonderen gesetzlichen Schuldverhältnis resultierenden Aufsichtspflicht (vgl. § 1618a BGB) zu stützen.

---

[11] Palandt/*Grüneberg*, 68. Aufl. 2009, § 426 Rn. 18.
[12] BGHZ 155, 205, 213 = NJW 2003, 2984, 2986; BGHZ 61, 51, 53 ff. = NJW 1973, 1648, 1648f
[13] OLG Köln FamRZ 1997, 1351; MünchKommBGB/*Huber*, 5. Aufl. 2008, § 1664 Rn. 1; *Schwab*, Familienrecht, 16. Aufl. 2008, Rn. 680; Palandt/*Diederichsen*, 68. Aufl. 2009, § 1664 Rn. 1. Der BGH äußert sich im vorliegenden Fall zur möglichen Anspruchsgrundlage nicht, sondern spricht ohne Paragraphennennung von einer „deliktischen Haftung" des Vaters, siehe BGHZ 103, 338, 345 = NJW 1988, 2667, 2669.
[14] Siehe etwa *Gernhuber/Coester-Waltjen*, Familienrecht, 5. Aufl. 2006, § 57 Rn. 37.

(1) Persönlicher Anwendungsbereich des § 1664 BGB

Eine Haftung des V aus § 1664 BGB setzt zunächst voraus, dass die Vorschrift auf den nur umgangsberechtigten V überhaupt anwendbar ist. Dies erscheint zweifelhaft, weil § 1664 BGB seinem Wortlaut nach explizit ein elterliches Sorgeverhältnis voraussetzt. V ist zwar Vater des K, er ist jedoch nicht sorge-, sondern nur umgangsberechtigt, so dass eine direkte Anwendung des § 1664 BGB ausscheiden muss. Bedenkt man jedoch, dass auch der nur umgangsberechtigte Elternteil im Rahmen seines Umgangsrecht faktisch einen gewichtigen Teil der Personensorge ausübt, erscheint es geboten, § 1664 BGB hier analog anzuwenden. Dies entspricht auch dem Sinn und Zweck der Vorschrift, denn § 1664 BGB ist Ausdruck des familiären Näheverhältnisses, das auch zwischen dem Kind zu seinem nur umgangsberechtigten Elternteil schutzwürdig sein kann.

(2) Sachlicher Anwendungsbereich der Privilegierung des § 1664 BGB

Eine Haftung des V analog § 1664 BGB setzt voraus, dass er die eigenübliche Sorgfalt außer Acht gelassen hat. Es ist jedoch umstritten, ob die Haftungsprivilegierung des § 1664 BGB auch bei einer Verletzung der elterlichen Aufsichtspflicht eingreifen kann. Zum Teil wird vertreten, die Haftungsprivilegierung des § 1664 BGB könne bei der Verletzung der Aufsichtspflicht zum Schutz des Kindes keine Anwendung finden, weil deren Maßstab objektiv zu bestimmen sei.[15] Dagegen spricht nach wohl überwiegender Auffassung der Wortlaut des § 1664 BGB, dem sich eine solche Einschränkung auf den Bereich der Vermögenssorge nicht entnehmen lasse.[16] Vielmehr diene die Haftungsprivilegierung dem Schutz des innerfamiliären Friedens, der gerade durch Aufsichtspflichtverletzungen in besonderer Weise gefährdet sei.[17] Dies spricht dafür, die Haftungsprivilegierung des § 1664 BGB grundsätzlich auch auf Aufsichtspflichtverletzungen anzuwenden.[18]

Eine Privilegierung der Eltern wird nach dem Zweck der Vorschrift allerdings dort nicht für gerechtfertigt gehalten, wo die Pflichtverletzung der Eltern in keinem inneren Zusammenhang mit der Ausübung der elterlichen Verantwortung steht, wie z. B. bei der Teilnahme im Straßenverkehr. Hier schulden die Eltern ihrem Kind genauso wie jedem Dritten die Beachtung der objektiv im Verkehr erforderlichen Sorgfalt.[19] Diese Einschränkung ist aber nicht auf den Besuch eines Spielplatzes

---

[15] Vgl. noch die Darstellung die Meinungsstreits bei OLG Hamm NJW 1993, 542, 543.
[16] MünchKommBGB/*Huber*, 5. Aufl. 2008, § 1664 Rn. 12; *Schwab*, Familienrecht, 16. Aufl. 2008, Rn. 682.
[17] Palandt/*Diederichsen*, 68. Aufl. 2009, § 1664 Rn 3; MünchKommBGB/*Huber*, 5. Aufl. 2008, § 1664 Rn. 12 m. w. N.
[18] Der BGH lässt die Frage nach der Anwendbarkeit des § 1664 BGB im vorliegenden Fall offen, zeigt jedoch unter Hinweis auf den Wortlaut eine Tendenz zur Bejahung der Anwendbarkeit.
[19] Für die Privilegierung zwischen Ehegatten BGHZ 53, 352 = NJW 1970, 1271; BGHZ 61, 101 = NJW 1973, 1654; für § 1664 etwa OLG Hamm NJW 1993, 542; bezogen auf das Eltern-

zu übertragen, da hier Aufsichtspflichtverletzung und elterliche Verantwortung untrennbar miteinander verbunden sind.

(3) Rechtsfolge

Analog § 1664 BGB haftet V dem K, muss dabei aber nur für die Außerachtlassung eigenüblicher Sorgfalt einstehen (§ 277 BGB). Da V seine Aufsichtspflicht gegenüber K nur leicht fahrlässig verletzt hat, weitergehende Sorgfaltsanforderungen nicht ersichtlich sind[20] und V die eigenübliche Sorgfalt beachtet hat, haftet er nicht gemäß § 1664 BGB.

> Die Haftungsprivilegierung des § 1664 BGB steht i. Ü. auch einer Inanspruchnahme aus § 823 Abs. 1 BGB entgegen, soweit die deliktischen Schutzpflichten ganz in der Sorge für das Kind aufgehen.[21] Dies ist der Fall, wenn das die deliktische Haftung begründende Verhalten in innerem Zusammenhang mit der elterlichen Sorge steht.[22] Dann soll die Privilegierung des § 1664 BGB auch auf die deliktische Haftung „durchschlagen"; eine Nichtanwendung des § 1664 BGB wäre mit dem Wortlaut und dem bereits dargelegten Sinn der Vorschrift nicht zu vereinbaren.[23]
> Zur Abgrenzung von § 823 BGB und § 832 BGB siehe noch unten in der Anmerkung (C. III.)

Demnach haften V und S dem K nicht gesamtschuldnerisch i. S. von §§ 840, 421 BGB; es handelt sich vielmehr um eine sog. gestörte Gesamtschuld.

bb) Auswirkung auf die Haftung der S

Dass V aufgrund der Privilegierung des § 1664 BGB dem K nicht deliktisch verantwortlich ist, könnte sich auch auf den Ersatzanspruch des K gegen S auswirken. Da S nicht bei V Regress nehmen kann, V aber gleichwohl an der Schadensentstehung

---

Kind-Verhältnis etwa *Schwab*, Familienrecht, 16. Aufl. 2008, Rn. 682; OLG Düsseldorf FamRZ 2000, 438.

[20] Das im einzelnen geschuldete Sorgfaltsmaß ist im Rahmen der Aufsichtspflicht jedoch schwer zu bestimmen, da es keine eigenen Angelegenheiten gibt, die der Wahrnehmung der Aufsicht des Kindes entspricht, *Lange*, JZ 1989, 48, 49.

[21] BGHZ 103, 338, 345 = NJW 1988, 2667, 2669.

[22] Vgl. MünchKommBGB/*Huber*, 5. Aufl. 2008, § 1664 Rn. 9.

[23] Ebenso Palandt/*Diederichsen*, 68. Aufl. 2009, § 1664 Rn. 3; *Schwab*, Familienrecht, 16. Aufl. 2008, Rn. 620; a. A. OLG Düsseldorf NJW 1978, 891.

B. Lösung

beteiligt war, ist denkbar, den Anspruch des K gegen S anteilig zu kürzen, damit sich die Privilegierung des V nicht zu Lasten des S auswirkt.

Der BGH hat sich hier gegen eine solche Kürzung ausgesprochen, da § 1664 BGB nicht nur eine Haftungsprivilegierung darstelle, sondern bereits die Zurechnung eines Schadens zum Elternteil entfallen lasse. Damit sei hier der Schaden allein der S zuzurechnen, so dass deren vollumfängliche Ersatzpflicht keine Sonderbelastung darstelle. Die Interessenslage ähnele der Schadensmitverursachung durch einen nicht Deliktsfähigen; auch in diesem Fall müsse der deliktsfähige Schädiger allein haften.

> Allerdings legen Wortlaut und systematische Stellung des § 1664 BGB nicht nahe, dass bereits die Zurechenbarkeit des Schadens ausgeschlossen sein soll und nicht erst das Verschulden.[24]

Darüber hinaus würde eine Anspruchskürzung dazu führen, dass das Kind allein aufgrund des Eltern-Kind-Verhältnisses vermögensrechtlich schlechter steht. Auch würde § 1664 BGB sonst entgegen seinem Schutzzweck den Vermögensinteressen Dritter zugute kommen. § 1664 BGB soll einen gewissen Freiraum im Eltern-Kind-Verhältnis sichern und dient vornehmlich dem Schutz der Familie. Dieser Schutz wäre aber unvollständig, wenn das Kind bei Drittschädigungen, die vielfach mit zumindest leicht fahrlässigen Aufsichtspflichtverletzungen einhergehen, stets eine Anspruchskürzung hinnehmen müsste, die letztlich zulasten der Familie als Unterhaltsgemeinschaft ginge.[25] Daher erscheint es vorzugswürdig, die in § 1664 BGB vorgesehene Privilegierung nicht durch eine Anspruchskürzung gegenüber Drittschädigern leer laufen zu lassen.

Die besseren Gründe sprechen daher dafür, eine Kürzung des Anspruchs des K nach den Regeln der gestörten Gesamtschuld abzulehnen (a. A. natürlich vertretbar).

e) Ergebnis

K kann von S vollumfänglich Schadensersatz und ein angemessenes Schmerzensgeld verlangen.

> Neben der hier entschiedenen Frage nach der Ersatzpflicht eines Schädigers (hier S) werden sich in diesen Fallkonstellationen regelmäßig auch *Regressfragen* stellen, d. h. ob und in welchem Umfang der in Anspruch genommene

---

[24] *Hager*, NJW 1989, 1640, 1646.
[25] *Hager*, NJW 1989, 1640, 1646.

nicht-privilegierte Schädiger (hier S) beim privilegierten Schädiger (hier V) Regress nehmen kann.

Beruht die Privilegierung des Zweitschädigers auf vertraglichen Gründen (*vertragliche Privilegierung*), bejaht die Rspr. eine uneingeschränkte Regressmöglichkeit des in Anspruch genommenen Schädigers.[26] Genauso hatte der BGH zur gesetzlichen Haftungsprivilegierung zwischen Ehegatten (§ 1359 BGB) entschieden: Der nicht-privilegierte Schädiger sei zwar verpflichtet, dem Geschädigten vollen Ersatz zu leisten, er könne aber selbst beim privilegierten Schädiger (Ehegatten) Regress nehmen.[27]

Diese Rspr. hat der BGH im vorliegenden Fall aufgegeben, da der Vergleich mit der Rechtslage bei einer vertraglichen Haftungsprivilegierung für familienrechtlich angeordnete Haftungsmaßstäbe (hier: § 1664 BGB) nicht angemessen sei. Denn die Haftungsprivilegierung beruhe nicht auf einer den Beteiligten im Rahmen der Vertragsfreiheit überlassenen individuellen Gewichtung und Gestaltung ihrer Interessen, sondern auf der gesetzgeberischen Würdigung und Bewertung der Familiengemeinschaft. Diese familiäre Beziehung wirke insofern auch für „außenstehende" Rechtsverhältnisse.[28] Dem nicht-privilegierten Schädiger steht folglich auch kein Regressanspruch gegen den aufgrund der familiären Beziehung privilegierten Schädiger zu. Zu dieser Änderung der Rspr. konnte es insbesondere kommen, weil der BGH bereits zuvor entschieden hatte, dass für den praktisch relevantesten Gefahrenbereich, den Straßenverkehr, eine Haftungsbeschränkung auf eigenübliche Sorgfalt nicht angemessen sei. Im Straßenverkehr schulden vielmehr auch Familienmitglieder einander übliche Sorgfalt und haften uneingeschränkt für jede Fahrlässigkeit.[29]

---

[26] Vgl. den Kasten oben B. II. 2. d).
[27] BGHZ 35, 317 = NJW 1961, 1966.
[28] BGHZ 103, 338 = NJW 1988, 2667, 2669.
[29] So für Ehegatten (§ 1359 BGB) BGHZ 53, 352 = NJW 1970, 1271; BGHZ 61, 101 = JW 1973, 1654; riche auch BGH NJW 2009, 1875 fl. i für das Eltern-Kind-Verhältnis im vorliegenden Fall nur angedeutet BGHZ 103, 338 = NJW 1988, 2667, 2669.

C. Anmerkungen

I. Rechtsprechung

Dem Fall liegt folgende BGH-Entscheidung zugrunde:
BGH, Urteil vom 1.3.1988 – VI ZR 190/87, BGHZ 103, 338 = NJW 1988, 2667

II. Persönlicher Anwendungsbereich des § 1664 BGB

Mit Urteil vom 17.10.1995 – VI ZR 358/94 = NJW 1996, 53 hat der BGH eine analoge Anwendung des § 1664 BGB auf weitere Personen abgelehnt. § 1664 BGB sei eine Ausnahmevorschrift zum Schutz der besonderen familiären Nähe. Als Ausnahmevorschrift sei sie eng auszulegen. Sie erfasse zudem schon vom Wortlaut her nur das Verhältnis zwischen Eltern und ihren Kindern. Die familiäre Verbundenheit verleihe der Personensorge der Eltern für ihre Kinder ein besonderes Gepräge, das zwar ebenso für den sein Umgangsrecht ausübenden Vater zum Tragen komme (siehe unseren Fall), aber die Beziehung zu anderen Betreuern auch dann nicht beeinflusse, wenn diese in die Familiengemeinschaft integriert sind. Die Ausweitung der Haftungsprivilegierung auf jede betreuende Person würde den Schutz des Kindes vor Fahrlässigkeit seiner Aufsichtspersonen in unvertretbarer Weise einschränken. Im entschiedenen Fall wurde das Kind von einer Hauswirtschaftspraktikantin beaufsichtigt.[30] Ähnliches wird für *Babysitter* und *Au pairs* zu gelten haben.

III. Haftung des Aufsichtspflichtigen gegenüber Dritten

§ 1664 BGB betrifft nur die Haftung der Eltern im Verhältnis zu ihrem Kind. Davon zu unterscheiden ist die Haftung für Schäden, die *Dritten* wegen Verletzung der Aufsichtspflicht entstehen. Anspruchsgrundlage hierfür ist § 832 BGB. § 832 BGB enthält zwei – widerlegliche – Vermutungen zulasten des Aufsichtspflichtigen: Zum einen die Vermutung der schuldhaften Aufsichtspflichtsverletzung, zum anderen die Vermutung der Kausalität zwischen der Aufsichtspflichtverletzung und dem entstandenen Schaden.[31]

---

[30] Siehe auch *Schwab*, Familienrecht, 16. Aufl. 2008, Rn. 682.
[31] Vgl. Palandt/*Sprau*, 68. Aufl. 2009, § 832 Rn. 1.

Fall 6: Vater und Sohn

A. Sachverhalt

Grundfall
Amalie (A) und Bertram (B) sind verheiratet. Ende 2007 trennen sie sich, und A lernt Anfang 2008 den Claus (C) kennen. Aus dieser Verbindung geht am 10.6.2009 Sohn S hervor. Noch vor der Geburt erklärt C gegenüber dem Jugendamt öffentlich beurkundet die Anerkennung der Vaterschaft.

Als die Beziehung von A und C kurz nach der Geburt des S scheitert, kehrt A mit S zu ihrem Ehemann B zurück. Dieser verzeiht ihr und nimmt S in die Familie auf. In der Folge untersagen A und B dem C jeden Umgang mit S. Nachdem C vergeblich bei A nachgesucht hat, ihm Kontakt zu S zu ermöglichen, entschließt sich C am 1.9.2009 zu rechtlichen Schritten. C möchte feststellen lassen, dass nicht B, sondern er (C) Vater von S ist. Außerdem möchte er Umgang mit S haben.

Haben entsprechende Anträge Aussicht auf Erfolg?

Abwandlung
A und C ziehen nach der Geburt von S zusammen und leben anderthalb Jahre als Familie. Als die Beziehung zerbricht, kehrt A mit S zu ihrem Mann zurück. Die folgenden Ereignisse entsprechen dem Ausgangsfall. C möchte wissen, ob er ein Umgangsrecht hat.

B. Lösung

Grundfall

Die Anträge haben Aussicht auf Erfolg, soweit sie zulässig und begründet sind.

I. Antrag auf Feststellung der Vaterschaft

Erstes Antragsziel des C ist die Feststellung, dass nicht B, sondern er Vater des S ist.

1. Zulässigkeit

a) Statthafte Antragsart

Zunächst müsste der Antrag auf Feststellung der Vaterschaft statthaft sein. Dies ist dann der Fall, wenn weder eine Vaterschaft des Ehemannes (§ 1592 Nr. 1 BGB) noch eine Vaterschaft eines Dritten auf Grund einer Anerkennung (§ 1592 Nr. 2 BGB) besteht (§ 1600d Abs. 1 BGB).

> Besteht hingegen eine Vaterschaft des Ehemannes, wäre statthafte Antragsart für das Antragsziel des C nicht die Feststellung der eigenen Vaterschaft, sondern vielmehr die Anfechtung der Vaterschaft des B. Zur Vaterschaftsfeststellung ohne Anfechtung gemäß § 1598a BGB siehe unten C. II.

Indem C bereits vor der Geburt des S (§ 1594 Abs. 4 BGB) die Vaterschaft durch öffentlich beurkundete Erklärung (§ 1597 Abs. 1 BGB) anerkannte, könnte er die Vaterschaft erworben haben (§ 1592 Nr. 2 BGB). Allerdings wird die Anerkennung der Vaterschaft nicht wirksam, solange die Vaterschaft eines anderen Mannes besteht (§ 1594 Abs. 2 BGB), und zwar auch bei einem vorgeburtlichen Anerkenntnis.[1] Dies ist hier der Fall, da B gemäß § 1592 Nr. 1 BGB als Vater des S gilt, weil er im Zeitpunkt der Geburt mit der Mutter des S (§ 1591 BGB) verheiratet war.

> Vaterschaft aufgrund § 1592 Nr. 1 BGB (sog. rechtliche Vaterschaft) erfordert weder tatsächliche leibliche (genetische) Vaterschaft, noch dass die Eheleute im Zeitpunkt der Geburt zusammenlebten. Wer geltend machen will, selbst leiblicher (genetischer) Vater zu sein, muss dafür die Vaterschaft des rechtlichen Vaters anfechten (§§ 1599 Abs. 1, 1600 BGB).

---

[1] BGHZ 170, 161, 172 = NJW 2007, 1677, 1681.

B. Lösung

Das Antragsziel des C ist daher nur durch Anfechtung der Vaterschaft des B zu erreichen. Statthafte Antragsart ist die Vaterschaftsanfechtung gemäß §§ 1599 Abs. 1, 1600 ff. BGB, § 169 Nr. 4 FamFG.

b) Zuständiges Gericht

Ab Inkrafttreten des FamFG[2] am 1.9.2009 ist die Vaterschaftsanfechtung als sog. Abstammungssache gemäß § 23 a Abs. 1 Nr. 1 GVG i. V. mit § 111 Nr. 6, 169 Nr. 4 FamFG der sachlichen Zuständigkeit der Familiengerichte zugewiesen.[3] Gemäß § 170 Abs. 1 FamFG ist das Gericht örtlich zuständig (ausschließlicher Gerichtsstand), in dessen Bezirk das Kind seinen gewöhnlichen Aufenthalt hat.

c) Verfahrenseinleitung

> Bis zum Inkrafttreten des FamFG am 1.9.2009 war die Anfechtung der Vaterschaft als streitiges Klageverfahren nach den Regeln der ZPO ausgestaltet (§§ 640, 640a ZPO a. F.). Erforderlich war die Erhebung einer Klage des Mannes gegen das Kind (§ 1600e Abs. 1 BGB a. F.).[4]

Nunmehr setzt die Verfahrenseinleitung einen Anfechtungsantrag voraus (§ 171 Abs. 1 FamFG).

> Erweist sich der Antrag als begründet, ergeht ein Beschluss des Gerichts, der neben der Feststellung des Nichtbestehens der Vaterschaft des Scheinvaters (Anfechtung nach § 1600 Abs. 1 Nr. 2 BGB durch den leiblichen [genetischen] Vater) zugleich die Feststellung der Vaterschaft des Anfechtenden enthält (§ 182 Abs. 1 FamFG). Soweit über die Abstammung entschieden wird, wirkt der Beschluss *inter omnes* (§ 184 Abs. 2 FamFG)

---

[2] BGBl. 2008 I, S. 2586 ff.
[3] Bisher ergab sich die sachliche Zuständigkeit aus §§ 23a Nr. 1, 23b Abs. 1 Nr. 12 GVG i. V. mit §§ 621 Abs. 1 Nr. 10, 640 Abs. 2 Nr. 4 ZPO. Diese Vorschriften werden durch das FamFG geändert bzw. aufgehoben.
[4] Zu den Verfahrensänderungen in Abstammungssachen infolge des FamFG siehe etwa *Heiter*, FPR 2006, 417.

d) Antragsberechtigung des C

C müsste antragsberechtigt im Anfechtungsverfahren sein. Dazu müsste er an Eides Statt versichern, der Mutter des S während der Empfängniszeit beigewohnt zu haben (§ 1600 Abs. 1 Nr. 2 BGB).

> Die Antragsberechtigung des leiblichen Vaters im Anfechtungsverfahren ist erst zum 30.4.2004 durch Ergänzung des § 1600 BGB geschaffen worden.[5] Anlass war ein Urteil des BVerfG[6], das dem Gesetzgeber aufgetragen hatte, auch dem nur leiblichen (genetischen) Vater die verfahrensrechtliche Möglichkeit einzuräumen, die rechtliche Vaterposition zu erlangen, soweit der Schutz der sozial-familiären Beziehung zwischen dem Kind und seinen rechtlichen Eltern nicht entgegensteht.

e) Anfechtungsfrist

Die Vaterschaft kann nur binnen zwei Jahren ab dem Zeitpunkt, in dem der Anfechtungsberechtigte von den gegen die Vaterschaft sprechenden Umständen erfährt, angefochten werden (§ 1600b Abs. 1 BGB). Die Frist beginnt nicht vor der Geburt des Kindes (§ 1600b Abs. 2 S. 1 BGB) und war daher am 1.9.2009 noch nicht abgelaufen.

> Beachte: Das Bestehen einer sozial-familiären Beziehung (§ 1600 Abs. 2 BGB; dazu sogleich) hindert den Fristablauf nicht. Bestand also während der ersten Lebensjahre des Kindes eine sozial-familiäre Beziehung zu einem nichtleiblichen Vater, so ist dem leiblichen Vater, der von Anfang an von seiner leiblichen (genetischen) Vaterschaft weiß, das Anfechtungsrecht dauerhaft verwehrt.[7]

f) Sozial-familiäre Beziehung als Zulässigkeitshindernis?

Der Antrag des C könnte aufgrund einer sozial-familiären Beziehung zwischen S und B nach § 1600 Abs. 2 BGB unzulässig sein. Dazu müsste es sich bei dieser negativen Anfechtungsvoraussetzung um eine Zulässigkeitsvoraussetzung handeln. Nach

---

[5] Gesetz zur Änderung der Vorschriften über die Anfechtung der Vaterschaft und das Umgangsrecht von Bezugspersonen des Kindes, zur Registrierung von Vorsorgeverfügungen und zur Einführung von Vordrucken für die Vergütung von Berufsbetreuern vom 23.4.2004, BGBl. 2004 I, S. 598 ff.
[6] BVerfGE 108, 82 = NJW 2003, 2151.
[7] Die Revision machte dies im Originalfall erfolglos als Verfassungsverstoß geltend.

B. Lösung

dem Willen des Gesetzgebers soll die positive Feststellung, dass eine sozial-familiäre Beziehung zwischen dem Kind und dem aktuellen rechtlichen Vater besteht, auch für die Zukunft eine Anfechtung durch den leiblichen Vater ausschließen.[8] Dies kann aber nur erreicht werden, wenn eine Entscheidung in der Sache ergeht. Daher wird in § 1600 Abs. 2 BGB überwiegend ein materielles Anfechtungshindernis gesehen, das erst im Rahmen der Begründetheit des Antrags zu prüfen ist.[9]

> Im zugrunde liegenden Urteil hatte der BGH auch zu entscheiden, ob die Eltern das Kind im Rahmen eines Anfechtungsverfahrens gerichtlich vertreten konnten (vgl. §§ 51 Abs. 1 ZPO, 1626 Abs. 1, 1629 BGB). Der BGH hielt eine Vertretung durch die Eltern für zulässig.[10] Soweit dies zur Wahrnehmung der Interessen des Kindes erforderlich ist, kann das Familiengericht einem minderjährigen Beteiligten nunmehr einen Verfahrensbeistand bestellen (§ 174 FamFG).

g) Zwischenergebnis

Der Antrag des C ist zulässig.

2. Begründetheit

Der Antrag müsste begründet sein. Dies ist dann der Fall, wenn nicht B, sondern C der leibliche Vater des S ist und wenn zwischen S und B keine entgegenstehende sozial-familiäre Beziehung besteht.

> Ein rechtskräftiger Beschluss, der das Nichtbestehen der Vaterschaft nach § 1592 BGB infolge einer Anfechtung nach § 1600 Abs. 1 Nr. 2 BGB feststellt, enthält gleichzeitig die positive Feststellung der Vaterschaft des Anfechtenden (§ 182 Abs. 1 FamFG). Umstritten ist, ob der Beweis der leiblichen Vaterschaft des Anfechtenden auch Gegenstand des Anfechtungsverfahrens ist,[11] oder ob die rechtliche Zuordnung des Kindes zum Anfechtenden allein auf der eidesstattlichen Versicherung nach § 1600 Abs. 1 Nr. 2 BGB beruht.[12]

---

[8] BT-Drs. 15/2253, S. 11.
[9] Palandt/*Diederichsen*, 68. Aufl. 2009, § 1600 Rn. 8: „negative Tatbestandsvoraussetzung"; Staudinger/*Rauscher* (2004), § 1600 Rn. 40; a. A. *Wieser*, FamRZ 2004, 1773, 1774.
[10] Näher BGHZ 170, 161, 165f. = NJW 2007, 1677, 1678f.
[11] So MünchKommBGB/*Wellenhofer*, 5. Aufl. 2008, § 1600 Rn. 14.
[12] So etwa *Gernhuber/Coester-Waltjen*, Familienrecht, 5. Aufl. 2006, § 52 Rn. 111.

Hier könnte dem Antrag des C bereits der Einwand einer sozial-familiären Beziehung zu den rechtlichen Eltern entgegenstehen, so dass es auf die Feststellung der leiblichen Vaterschaft nicht mehr ankommt.

a) Keine entgegenstehende sozial-familiäre Beziehung zwischen S und B

Eine sozial-familiäre Beziehung besteht nach der Legaldefinition des § 1600 Abs. 3 S. 1 BGB, wenn der rechtliche Vater für das Kind tatsächliche Verantwortung trägt. Die Übernahme tatsächlicher Verantwortung wird nach der Regel des § 1600 Abs. 3 S. 2 BGB vermutet, wenn der rechtliche Vater mit der Mutter des Kindes verheiratet ist oder mit dem Kind längere Zeit in häuslicher Gemeinschaft zusammengelebt hat. Da A und B nach wie vor verheiratet sind und B mit S fast seit dessen Geburt in häuslicher Gemeinschaft lebt, wird zugunsten des B die Übernahme tatsächlicher Verantwortung vermutet.

> Entscheidender Zeitpunkt für das Vorliegen der negativen Anfechtungsvoraussetzung des Fehlens der sozial-familiären Beziehung ist die letzte mündliche Verhandlung und nicht etwa der Zeitpunkt der Rechtshängigkeit des Antrags.[13]

Aus § 1600 Abs. 3 S. 2 BGB resultiert aber nur die Vermutung der *Übernahme* tatsächlicher Verantwortung; entscheidend ist, ob B diese Verantwortung weiterhin bis zum Zeitpunkt der letzten mündlichen Verhandlung trägt. Die Darlegungs- und Beweislast trifft den leiblichen Vater (Antragsteller). Hat dieser keine Umstände dargelegt und sind auch sonst keine Anhaltspunkte ersichtlich, die gegen eine fortdauernd wahrgenommene tatsächliche Verantwortung sprechen, darf der Tatrichter auch ohne weitere Amtsermittlung davon ausgehen, dass der rechtliche Vater die von ihm übernommene Verantwortung für das Kind weiterhin trägt.[14] Daher ist auch im vorliegenden Fall davon auszugehen, dass zwischen B und S weiterhin eine sozial-familiäre Beziehung besteht, die einer Vaterschaftsanfechtung durch C entgegensteht.

3. Ergebnis

Der Antrag des C ist schon aufgrund der fortbestehenden sozial-familiären Beziehung des B zu S unbegründet. Auf den Nachweis, wer leiblicher (genetischer) Vater des S ist, kommt es nicht mehr an.

---

[13] Näher BGHZ 170, 161, 173 = NJW 2007, 1677, 1681; zustimmend BGH NJW 2008, 2985, 2986.
[14] BGH NJW 2008, 2985.

> Beachte: Mit dem Anfechtungshindernis der sozial-familiären Beziehung wird der gelebten Vaterschaft Vorrang eingeräumt vor leiblicher (genetischer) Statuswahrheit.[15] Die leibliche (genetische) Vaterschaft muss sich nicht stets gegen die rechtliche durchsetzen.[16] Dies wird insbesondere deshalb kritisiert, weil es der Mutter ermöglicht, dem biologischen Vater die rechtliche Vaterschaft vorzuenthalten.[17]

II. Umgangsberechtigung des C

Ein Antrag des C an das Gericht auf Regelung des Umgangs mit S könnte jedoch auch ohne vorhergehende Vaterschaftsfeststellung zulässig und begründet sein und deshalb Aussicht auf Erfolg haben.

1. Zulässigkeit

a) Statthafter Antrag

Das Verfahren betreffend das elterliche Umgangsrecht zählt gemäß § 151 Nr. 2 FamFG zu den sog. Kindschaftssachen. Während § 171 FamFG für die in § 169 FamFG aufgezählten sog. Abstammungssachen ein Antragserfordernis normiert, ist zur Einleitung einer Kindschaftssache nach §§ 151 ff. FamFG kein bestimmter Verfahrensantrag notwendig.[18] Gemäß § 24 FamFG kann jedoch auch bei von Amts wegen eingeleiteten Verfahren ein Antrag zur Verfahrensanregung gestellt werden.[19]

b) Zuständigkeit

Sachlich zuständig in Verfahren zur Klärung des Umgangsrechts ist das Familiengericht (§ 151 Nr. 2 FamFG). Örtlich ausschließlich zuständig ist das Familiengericht, in dessen Bezirk das Kind seinen gewöhnlichen Aufenthalt hat (§ 152 Abs. 2 FamFG).

---

[15] Vgl. MünchKommBGB/*Wellenhofer*, 5. Aufl. 2008, § 1600 Rn. 8.
[16] BVerfG NJW 2009, 423; BVerfGE 108, 82, 105f. = NJW 2003, 2151, 2154.
[17] *Rauscher*, Familienrecht, 2. Aufl. 2008, § 29 V. Rn. 798a, fordert daher eine Anfechtungsmöglichkeit des leiblichen Vaters bereits dann, wenn sie im Einzelfall dem Wohl des Kindes dient.
[18] Beachte in diesem Zusammenhang auch § 26 FamFG (Amtsermittlungsgrundsatz).
[19] Vgl. *Büte*, FuR 2008, 537, 538; *Hartmann*, NJW 2009, 321, 322.

2. Begründetheit

Der Antrag des C ist begründet, soweit ihm ein Umgangsrecht zusteht.

a) Umgangsrecht aus § 1684 Abs. 1 BGB

Gemäß § 1684 Abs. 1 BGB sind die *Eltern* umgangsberechtigt. Da als Vater des S aber nach wie vor – mangels erfolgreicher Vaterschaftsanfechtung – der B gilt (§ 1592 Nr. 1 BGB), resultiert aus § 1684 Abs. 1 BGB kein Umgangsrecht des C.

b) Umgangsrecht aus § 1685 Abs. 2 BGB

Ein Umgangsrecht des C könnte sich aber aus § 1685 Abs. 2 BGB ergeben, soweit er als enge Bezugsperson des Kindes für dieses tatsächlich Verantwortung trägt oder getragen hat. Die Übernahme der tatsächlichen Verantwortung ist in der Regel anzunehmen, wenn die Person mit dem Kind längere Zeit in häuslicher Gemeinschaft zusammengelebt hat (vgl. § 1600 Abs. 3 S. 2 Hs. 2 BGB).

> Bis zum 1.4.2004[20] waren gemäß §§ 1684, 1685 BGB a. F. nur die rechtlichen Eltern, nicht aber der lediglich leibliche (genetische) Vater umgangsberechtigt. Die in § 1685 BGB a. F. aufgezählten weiteren Berechtigten umfassten weder den leiblichen noch den in einer nichtehelichen Lebensgemeinschaft mit der Mutter lebenden „sozialen" Vater. Das BVerfG[21] erklärte § 1685 BGB a. F. für mit Art. 6 Abs. 1 GG insoweit unvereinbar, als der nur-leibliche Vater in den Kreis der Umgangsberechtigten auch dann nicht einbezogen war, wenn zwischen ihm und dem Kind eine sozial-familiäre Beziehung besteht oder bestanden hat und der Umgang dem Wohl des Kindes dient. Vielmehr bilde auch der leibliche Vater dann mit dem Kind eine Familie, die den Schutz des Art. 6 Abs. 1 GG genießt. Dies führte zur Neufassung des § 1685 BGB, wonach auch allen „sonstigen Bezugspersonen des Kindes" ein Umgangsrecht zustehen kann.

Hier hat C zu keinem Zeitpunkt mit S zusammengelebt. Auch bestehen keine Anhaltspunkte, dass er für S tatsächlich Verantwortung getragen hat.

---

[20] Gesetz zur Änderung der Vorschriften über die Anfechtung der Vaterschaft und das Umgangsrecht von Bezugspersonen des Kindes, zur Registrierung von Vorsorgeverfügungen und zur Einführung von Vordrucken für die Vergütung von Berufsbetreuern vom 23.4.2004, BGBl. 2004 I, S. 598 ff.
[21] BVerfGE 108, 82 = NJW 2003, 2151.

> Fehlt es zwischen dem nur-leiblichen Vater und dem Kind an einer gelebten sozialen Beziehung, so ist für die Entscheidung über das Umgangsrecht unerheblich, worauf die fehlende soziale Beziehung beruht. Dass der leibliche Vater eine Beziehung zu seinem Kind aufbauen möchte, ihm dies aber von den rechtlichen Eltern nicht ermöglicht wird, ist unbeachtlich.[22] Das Umgangsrecht dient nicht primär dazu, dem nur-leiblichen Vater eine Beziehung zum Kind zu ermöglichen, sondern soll vor allem im Interesse des Kindes eine schon bestehende Beziehung weiterführen.[23]

3. Ergebnis

C hat kein Recht auf Umgang mit S. Sein Antrag ist unbegründet.

Abwandlung

I. Umgangsrecht als enge Bezugsperson des Kindes

Hier könnte sich ein Umgangsrecht des C nach § 1685 Abs. 2 BGB als enge Bezugsperson des S ergeben. Dazu müsste er eine sozial-familiäre Beziehung zu S haben oder gehabt haben. Dies setzt voraus, dass C für S tatsächlich Verantwortung trägt oder getragen hat. Die Übernahme der tatsächlichen Verantwortung ist in der Regel anzunehmen, wenn die Person mit dem Kind längere Zeit in häuslicher Gemeinschaft zusammengelebt hat (§ 1685 Abs. 2 S. 2 BGB).

> Hierzu genügt nicht die Feststellung, dass der leibliche (genetische) Vater eine Beziehung zur leiblichen Mutter des Kindes hat oder gehabt hat; entscheidend ist vielmehr der Kontakt zum Kind.[24]

Da C und S während anderthalb Jahren in häuslicher Gemeinschaft gelebt haben, kommt dem C die Vermutung des § 1685 Abs. 2 S. 2 BGB zugute. Auch sind keine Umstände ersichtlich, die diese Vermutung erschüttern könnten und nahe legen, dass C trotz andauernden Zusammenlebens mit S keine tatsächliche Verantwortung für das Kind übernommen hatte.

---

[22] Kritisch dazu *Rauscher*, Familienrecht, 2. Aufl. 2008, § 34 I. Rn. 1101a.
[23] Vgl. BVerfGE 108, 82, 114 = NJW 2003, 2151, 2156.
[24] OLG Düsseldorf FamRZ 2004, 290.

II. Auswirkungen von Umgangsunterbrechungen

Allerdings hat C seit der Beendigung des Zusammenlebens durch A keinen Kontakt mehr zu S. Dadurch könnte die von § 1685 BGB vorausgesetzte sozial-familiäre Beziehung zwischen C und S erloschen sein. § 1685 Abs. 2 S. 1 setzt aber keine aktuell bestehende Beziehung voraus, sondern es genügt, dass der Antragsteller zumindest in der Vergangenheit zu den nahen Bezugspersonen des Kindes gezählt hat, soweit der Umgang nach wie vor dem Kindeswohl dient (dazu sogleich III.).

III. Umgang dient dem Kindeswohl

Schließlich müsste der Umgang des C mit S dem Wohl des S dienen. Im Gegensatz zum Umgang mit den rechtlichen Eltern nach § 1626 Abs. 3 S. 1 BGB wird dies bei sonstigen engen Bezugspersonen i. S. des § 1685 Abs. 2 BGB nicht vermutet. Ob der Umgang dem Kindeswohl dient, ist stets im Einzelfall zu entscheiden.

Hier war C die erste Vaterfigur im Leben des S, und S und C lebten während anderthalb Jahren in häuslicher Gemeinschaft. Da diese häusliche Gemeinschaft auch nur wenige Wochen unterbrochen ist, ist davon auszugehen, dass C dem S nach wie vor vertraut ist. Ein Umgangsrecht des C wird daher mangels gegenteiliger Anzeichen regelmäßig dem Wohl des S entsprechen.

> Die Prüfung, ob der Umgang dem Kindeswohl dient, kann sich in diesen Fällen als schwierig erweisen: Auf der einen Seite würde die künftige Verneinung eines Umgangsrechts mit einer bisher als Vater vertrauten Person dem Kind das Gefühl vermitteln, der Vater hätte sich von ihm abgewandt. Auf der anderen Seite kann das Kind in einen Konflikt zwischen der alten Bindung und der neuen Familie geraten. Es ist deshalb eine gerichtliche Einzelfallprüfung am Maßstab des Kindeswohls erforderlich, bei der alle sozialen sowie familiären Umstände und Bindungen des betroffenen Kindes berücksichtigt werden können.[25]

IV. Ergebnis

C zählt gemäß § 1685 Abs. 2 BGB zu den umgangsberechtigten Personen; er ist umgangsberechtigt. Sein Antrag hat Aussicht auf Erfolg.

---

[25] BVerfGE 108, 82, 113 ff. = NJW 2003, 2151, 2156 ff.

B. Lösung

> Die Vollstreckung einer Umgangsentscheidung richtet sich nach §§ 88 ff. FamFG.[26] Eine Vollstreckung einer gerichtlichen Umgangsregelung kann etwa in Betracht kommen, wenn der Umgang eines nicht umgangswilligen Vaters zum Wohl des Kindes erforderlich ist.[27]

---

[26] Siehe dazu *Giers*, FPR 2008, 441.
[27] OLG Köln FamRZ 2004, 52.

C. Anmerkungen

I. Rechtsprechung

Dem Fall liegen folgende Entscheidungen zugrunde:

BGH, Beschluss vom 9.2.2005 – XII ZB 40/02, FamRZ 2005, 705
BGH, Urteil vom 6.12.2006 – XII ZR 164/04, BGHZ 170, 161 = NJW 2007, 1677
BVerfG, Beschluss vom 9.4.2003 – 1BvR 1493/96, 1724/01, BVerfGE 108, 82 = NJW 2003, 2151

II. Vaterschaftsfeststellung ohne Anfechtung: § 1598a BGB n. F.

Seit dem 1.4.2008 ist gemäß § 1598a BGB die Feststellung der genetischen Abstammung auch ohne Anfechtung der rechtlichen Vaterschaft (§ 1592 Nr. 1 BGB) möglich.[28] Hintergrund ist die Entscheidung des BVerfG, dass die Verwertung sog. heimlicher Vaterschaftstests in Vaterschaftsanfechtungsverfahren das Recht des Kindes aus Art. 2 Abs. 1 GG i. V. mit Art. 1 Abs. 1 GG auf informationelle Selbstbestimmung verletzt.[29] Zugleich hat das BVerfG dem Gesetzgeber aufgetragen, ein geeignetes Verfahren zu schaffen, das dem vermeintlichen leiblichen (genetischen) Vater ermöglicht, die Abstammung des Kindes (von ihm) zu klären, ohne die rechtliche Vaterschaft anfechten zu müssen. Hierzu dient nun der in § 1598a BGB geregelte Anspruch des mutmaßlichen leiblichen Vaters auf Zustimmung zur Durchführung eines außergerichtlichen Abstammungstests.[30]

III. Lesehinweise

Zur Reichweite der Umgangs*pflicht* siehe BVerfG, Urteil vom 1.4.2008 – 1 BvR 1620/04 = NJW 2008, 1287
Zum Regress des Scheinvaters für gezahlten Unterhalt siehe BGH, Urteil vom 16.4.2008 – XII ZR 144/06, NJW 2008, 2433
Zum Umgangsrecht des nichtehelichen Vaters siehe auch EGMR, Urteil vom 26.2.2004 – 74969/01, NJW 2004, 3397 (Görgülü) sowie BVerfG, Beschluss vom 14.10.2004 – 2 BvR 1481/04, NJW 2004, 3407 und BVerfG, Beschluss vom 28.12.2004 – 1 BvR 2790/04, NJW 2005, 1105

---

[28] Gesetz zur Klärung der Vaterschaft unabhängig vom Anfechtungsverfahren, BGBl. 2008 I, S. 441 ff.
[29] BVerfGE 117, 202 = NJW 2007, 753.
[30] Näher *Muscheler,* FPR 2008, 257 ff.; *Schwab,* Familienrecht, 16. Aufl. 2008, Rn. 554 ff.

Fall 7: Wer Treue verspricht, muss ewig zahlen?

A. Sachverhalt

Xenia (X) war bis Mai 2000 mit Manfred (M) verheiratet und betreut nach wie vor in Vollzeit das gemeinsame, im März 1999 geborene Kind Ariane (A). Seit der Scheidung zahlt M an A und X Unterhalt. Im Januar 2000 beginnt X eine Beziehung mit Yves (Y). Aus dieser Beziehung geht im November 2001 die gemeinsame Tochter Bertha (B) hervor. Nun beschließen X und Y, dass es Zeit für eine gemeinsame Familie wird. Eine Ehe lehnen die geschiedene X („einmal und nie wieder") und das Scheidungskind Y aus emotionalen Gründen ab. In einer privaten Zeremonie schwören sie sich jedoch „ewige Treue". Ab diesem Zeitpunkt zahlt M im Einverständnis mit X und Y keinen Unterhalt mehr an X, sondern nur noch an A.

Als Geschäftsführer einer mittelständischen GmbH erzielt Y monatliche Einkünfte von 4000 €. Deshalb kommen X und Y überein, dass X in Vollzeit die Betreuung der Kinder und die Haushaltsführung übernehmen soll, zumal noch mehrere Kinder geplant sind. In der Tat kommt am 31.12.2004 auch Kind Christa (C) als weiteres gemeinsames Wunschkind zur Welt.

In der Folgezeit scheitert die Beziehung; die Kinder B und C verbleiben bei X. Anfangs zahlt Y neben dem Kindesunterhalt auch Unterhalt für X. Mit dem dritten Geburtstag von C stellt Y jedoch sämtliche Zahlungen an X ein. Y meint, X müsse sich nach geltendem Recht nun selbst versorgen. Außerdem weist Y darauf hin, dass X bereits seit einem Jahr mit Fritz (F) eine Beziehung unterhält und dass er selbst (Y) inzwischen mit Emma (E) verheiratet ist.

X entgegnet, sie könne zumindest nicht Vollzeit arbeiten: B sei zwar inzwischen eingeschult und besuche ebenso wie A eine Ganztagsschule. Ab 16.30 Uhr müsse sie jedoch zuhause betreut werden. Für C sei ein Ganztagsplatz im Kindergarten weder erhältlich noch zumutbar, da C seit der Trennung ihrer Eltern Fremden gegenüber sehr reserviert sei. Außerdem habe Y ihr versprochen, sie seien eine Familie und er würde für sie sorgen. Sie seien auch beide der Ansicht gewesen, dass die familiäre Betreuung für kleine Kinder wichtig sei und Ganztagsbetreuung nur eine Notlösung sein könne. Außerdem wohne sie mit F noch nicht einmal zusammen.

X verlangt deshalb über den 31.12.2007 hinaus Unterhalt. Zu Recht?

B. Lösung

X könnte Anspruch auf Zahlung von Betreuungsunterhalt gemäß § 1615l Abs. 2 BGB gegen Y haben.

I. Anspruchsvoraussetzungen

Gemäß § 1615l Abs. 2 S. 2 BGB hat die Mutter eines nichtehelich geborenen Kindes gegen den Vater Anspruch auf Betreuungsunterhalt, wenn von ihr wegen der Pflege und Erziehung des Kindes eine Erwerbstätigkeit nicht erwartet werden kann. Dies ist gemäß § 1615l Abs. 2 S. 3 BGB für „mindestens drei Jahre nach der Geburt" der Fall. Weitergehender Betreuungsunterhalt, wie ihn X hier verlangt, kann gemäß § 1615l Abs. 2 S. 4 BGB nur beansprucht werden, soweit dies der Billigkeit entspricht. Dabei sind insbesondere die Belange des Kindes sowie die bestehenden Möglichkeiten der Kindesbetreuung zu berücksichtigen (§ 1615l Abs. 2 S. 5 BGB).

> Vor Inkrafttreten des Gesetzes über die rechtliche Stellung der nichtehelichen Kinder (NehelG) am 1.7.1970[1] hatte die nichteheliche Mutter gegen den Vater gemäß § 1615l BGB nur insoweit Anspruch auf Unterhalt, als sie infolge der Schwangerschaft oder der Entbindung nicht erwerbstätig sein konnte. Das NehelG gewährte der nichtehelichen Mutter erstmals einen darüber hinausgehenden Anspruch auf Betreuungsunterhalt, wenn sie nicht erwerbstätig sein konnte, weil das Kind anderweitig nicht (fremd) versorgt wäre (§ 1615l Abs. 2 S. 2 BGB i. d. F. des NehelG), allerdings zeitlich begrenzt auf ein Jahr. Mit Inkrafttreten des Schwangeren- und FamilienhilfeÄndG[2] am 1.10.1995 wurde u. a. die Bezugsdauer auf drei Jahre verlängert. Das KindschaftsRefG[3] führte mit Wirkung ab dem 1.7.1998 einen weitergehenden Unterhaltsanspruch ein, soweit die Versagung „grob unbillig" wäre. Seit dem 1.1.2008 ist der weitergehende Betreuungsunterhalt nur noch an einfache „Billigkeit" geknüpft (§ 1615l Abs. 2 S. 4 BGB).[4] Zugleich wurde der Betreuungsunterhalt von geschiedenen Ehegatten dem Unterhaltsanspruch der Eltern nichtehelicher Kinder angepasst. Die frühere Unterscheidung hatte zu einer vom BVerfG gerügten[5] grundgesetzwidrigen Benachteiligung von nichtehelichen Kindern

---

[1] BGBl. I 1969, 1243.
[2] BGBl. I 1995, 1050.
[3] BGBl. I 1997, 2942.
[4] Gesetz zur Änderung des Unterhaltsrechts (UändG) vom 21.12.2007, BGBl. I 2007, 3189, 3191.
[5] BVerfGE 118, 45 = NJW 2007, 1735.

> (vgl. Art. 6 Abs. 5 GG) geführt, da eheliche Kinder deutlich länger zuhause betreut werden konnten.[6]

1. Kindbezogene Gründe für verlängerten Betreuungsunterhalt[67]

Gemäß § 1615l Abs. 2 S. 5 BGB kommt eine Verlängerung des Betreuungsunterhalts über die ersten drei Lebensjahre des Kindes hinaus primär aus kindbezogenen Gründen in Betracht. Hier steht für C derzeit kein Platz in einem Kindergarten mit ganztägiger Betreuung zur Verfügung, so dass X allenfalls eine Teilzeittätigkeit aufnehmen könnte. Außerdem sind die mit einer außerhäuslichen Betreuung für C verbundenen besonderen Belastungen zu berücksichtigen, hier aufgrund der Angst der C vor Fremden. Dazu muss im Einzelfall ermittelt werden, wie viel Fremdbetreuung der C zugemutet werden kann, ohne dass daraus gravierende Entwicklungsnachteile resultieren.

> Der gesetzliche Regelfall bleibt jedoch die Begrenzung auf die ersten drei Lebensjahre. Für Umstände, die eine Verlängerung begründen können, ist der unterhaltsberechtigte Elternteil darlegungs- und beweispflichtig.[7]

2. Elternbezogene Gründe für eine Verlängerung

Zudem könnte eine Verlängerung des Betreuungsunterhalts auch aus elternbezogenen Gründen angezeigt sein. Hier kann insbesondere die Vertrauensposition zu berücksichtigen sein, die sich aus dem (früheren) ehelichen Zusammenleben ergibt. Das BVerfG hat zwar eine Besserstellung geschiedener Elternteile (im Vergleich zu nicht verheirateten Eltern) in diesem Zusammenhang für verfassungsmäßig erachtet.[8] Allerdings genießt auch die Familie zwischen nicht verheirateten Eltern und ihren Kindern verfassungsrechtlichen Schutz.[9]

Für die Betreuer ehelicher Kinder kann sich eine Verlängerung aus elternbezogenen Gründen dann ergeben, wenn dies unter Berücksichtigung der Gestaltung von Kinderbetreuung und Erwerbstätigkeit in der Ehe sowie der Dauer der Ehe der Billigkeit entspricht (§ 1570 Abs. 2 BGB). Aus der ehelichen Lebensgestaltung ergibt sich folglich ein Vertrauenstatbestand, der im Rahmen des Betreuungsunterhalts zu berücksichtigen ist. Fraglich ist, ob ein solcher Vertrauenstatbestand auch bei *nichtehelichem* Zusammenleben mit einem Kind entstehen kann. Dagegen könnten Wortlaut und Systematik sprechen: § 1615l BGB enthält keine § 1570 BGB

---

[6] Zum neuen Unterhaltsrecht siehe auch die Anmerkungen unten unter C. II.
[7] So neben der hier zu Grunde gelegten Entscheidung auch OLG Hamm NJW 2008, 2049, 2053.
[8] BVerfGE 118, 45, 70 = NJW 2007, 1735, 1739.
[9] BVerfGE 118, 45, 69 = NJW 2007, 1735, 1739.

vergleichbare Regelung. Allerdings ist die Verlängerung des Betreuungsunterhalts aus kindbezogenen Gründen gemäß § 1615 l Abs. 2 S. 5 BGB nur „insbesondere" möglich, so dass die Einbeziehung elternbezogener Umstände in die Billigkeitsabwägung zumindest vom Wortlaut der Vorschrift nicht ausgeschlossen ist. Dauerhaftes Zusammenleben der Eltern mit dem Kind kann daher auch ohne Ehe einen betreuungsanspruchsbegründenden Vertrauenstatbestand begründen. Allerdings darf das gesetzliche Regel-Ausnahmeverhältnis zwischen nur dreijährigem Betreuungsunterhalt und Verlängerung aus Billigkeitsgründen nicht umgekehrt werden. Insbesondere kommt elternbezogenen Gründen erheblich weniger Gewicht zu als kindbezogenen Gründen.

a) Besonderer Vertrauenstatbestand

Entscheidend ist, ob durch längeres Zusammenleben als Familie ein besonderer Vertrauenstatbestand entstanden ist, der eine Verlängerung des Betreuungsunterhalts rechtfertigt. Dies ist anhand der individuellen Umstände und dem Maß der Bindung der Eltern zu entscheiden.

Hier lebten X und Y als Familie über Jahre hinweg zusammen. Die Aufteilung der elterlichen Pflichten entsprach einer gemeinsamen Übereinkunft darüber, wie die Kinder leben sollten. Zudem wurden zwei Kinder geboren, die der gemeinsamen Verantwortung von X und Y als Eltern einer Familie anvertraut sein sollten. Damit ist ein besonderer Vertrauenstatbestand entstanden, der eine Verlängerung des Betreuungsunterhalts zumindest soweit rechtfertigt, dass eine ganztägige außerhäusliche Betreuung der Kinder vermieden werden kann.

b) Überobligatorische Leistung des betreuenden Elternteils bei Vollzeittätigkeit

Darüber hinaus könnte ein weiterer elternbezogener Umstand zur Verlängerung des Betreuungsunterhalts daraus resultieren, dass X bei Vollzeittätigkeit und ganztägiger anderweitiger Kinderbetreuung überobligatorisch verpflichtet würde: Ihr würde sowohl ihre Selbstversorgung als auch die notwendige Betreuung der Kinder am Abend auferlegt. Gerade bei kleineren Kindern kann eine Versagung verlängerten Betreuungsunterhalts dazu führen, dass der betreuende Elternteil überobligationsmäßig belastet wird. In welchem Umfang die verbleibende Kinderbetreuung überobligatorisch ist, hängt aber auch von der früheren Lebensplanung und -gestaltung ab, also davon, auf welche Aufgabenverteilung der Unterhaltsberechtigte vertrauen durfte.

Hier bestand zwischen X und Y im Zeitpunkt ihres Zusammenlebens ein Einverdienerhaushalt mit häuslicher Vollzeitbetreuung der Kinder; auf die Fortsetzung dieser Aufgabenverteilung durfte X auch im Grundsatz vertrauen. Angesichts des geringen Alters der Kinder ist zudem eine überobligatorische Betreuung am Abend sowohl für C als auch für das bereits 7-jährige Kind B erforderlich.

> Der BGH deutet dabei an, dass sich die Bewertung überobligatorischer Leistungen des betreuenden Elternteils für eine Pauschalierung anbieten dürfte, etwa anhand des Alters des Kindes. Gerade kleinere Kinder benötigten nach einer Ganztagsbetreuung noch in stärkerem Umfang elterliche Zuwendung, worin regelmäßig ein nicht unerheblicher zusätzlicher Betreuungsaufwand liege. Angesichts der zumindest teilweise fortbestehenden Erwerbsobliegenheit wird dies jedoch nicht zu einem vollen Unterhaltsanspruch führen.

Auch aus diesem Grund ist zumindest ein teilweise den Unterhaltsbedarf abdeckender Anspruch auf Betreuungsunterhalt gegen Y gegeben.

3. Zeitliche Begrenzung

Soweit der C eine zumindest halbtätige Fremdbetreuung zuzumuten ist und X während dieser Zeit einer Erwerbstätigkeit nachgehen kann, kann X teilweise Betreuungsunterhalt verlangen. Dieser Betreuungsunterhalt wird im Rahmen des Ausgleichs der ansonsten überobligatorischen Betreuungsleistung am Abend auch über das sechste Lebensjahr des jüngsten Kindes C hinaus zu zahlen sein.

II. Höhe des Unterhaltsanspruchs

Das Maß des zu gewährenden Unterhalts bestimmt sich aufgrund des Verweises in § 1615l Abs. 3 S. 1 BGB nach den Regelungen des Verwandtenunterhalts. § 1610 Abs. 1 BGB knüpft an die Lebensstellung des Bedürftigen an. Danach müsste sich die Lebensstellung nach den wirtschaftlichen Verhältnissen des unterhaltsberechtigten Elternteils bis zur Geburt des Kindes richten, denn diese begründet den Unterhaltstatbestand. Überträgt man diese Grundsätze auf die Bemessung des Unterhaltsbedarfs im Rahmen des § 1615l BGB, käme es hier darauf an, über welche Mittel X zur Zeit der Geburt der C verfügte. Ganz anders bestimmt sich die Unterhaltshöhe bei nachehelichem Betreuungsunterhalt, der an dem in der Ehe erwirtschafteten Lebensstandard orientiert ist: Maß des Unterhalts sind die ehelichen Lebensverhältnisse (§ 1578 BGB).

Es erscheint zweifelhaft, ob die Lebensstellung einer nichtehelichen Mutter ebenfalls durch die wirtschaftlichen Verhältnisse während des nichtehelichen Zusammenlebens mit dem unterhaltspflichtigen Elternteil beeinflusst wird. Nach e. A.[10] kommt es darauf an, ob die Mutter während der neLG nachhaltig unterhalten wurde, so dass das Zusammenleben der Eltern auch die wirtschaftliche Stellung der

---

[10] So noch die Berufungsinstanz (OLG Düsseldorf FamRZ 2005, 1772) im zugrundeliegenden Fall.

Mutter geprägt hat. Insbesondere in Fällen, in denen mehrere Kinder in einer neLG geboren würden, sei es nicht sachgerecht, den Bedarf der Unterhaltsberechtigten an den Lebensverhältnissen auszurichten, wie sie vor der Geburt des ersten Kindes bestanden. Ihr Lebensstandard bei Geburt des letzten Kindes sei von den Leistungen innerhalb der neLG geprägt. Auch wäre die Begrenzung auf einen Mindestbedarf bei einem längeren Zusammenleben und mehreren Kindern nicht angemessen.

Nach a. A.[11] ist die Einbeziehung von erbrachten Unterhaltsleistungen während einer neLG als Maßstab für den Unterhaltsbedarf im Rahmen des § 1516l BGB abzulehnen. Es handele sich um rein freiwillige Leistungen, die jederzeit aufgegeben werden könnten und daher die wirtschaftliche Stellung des Begünstigten nicht prägen könnten.

Für diese zweite Ansicht spricht, dass nicht geschuldete (freiwillige) Leistungen kein schutzwürdiges Vertrauen auf fortbestehenden Lebensstandard begründen können. Freiwillige Leistungen „prägen" die Lebensverhältnisse nicht. Soweit nicht aus anderen Einkünften ein höherer Lebensstandard erreicht wird, ist daher auf die Lebensverhältnisse abzustellen, in denen die Mutter bei der Geburt des ersten Kindes lebte.

In diesem Zusammenhang deutet der BGH Leitlinien für einen anzunehmenden Mindestbedarf der Mutter an. Schließlich solle der Unterhaltsanspruch die Betreuung und Erziehung des Kindes in den ersten Lebensjahren ermöglichen. Um eine Schlechterstellung von ehelichen Müttern zu verhindern, sei ggf. auch für deren Unterhaltsanspruch ein Mindestbedarf anzusetzen.

Die Höhe des von X beanspruchbaren Billigkeitsunterhalts bestimmt sich daher grundsätzlich nach der Lebensstellung, die X bei der Geburt der B aus eigenen Einkünften innehatte.

Betreut ein Elternteil mehrere Kinder aus verschiedenen Beziehungen, haften die Unterhaltsverpflichteten grundsätzlich in entsprechender Anwendung des § 1606 Abs. 3 S. 1 BGB anteilig nach ihren Einkommens- und Vermögensverhältnissen. Da es sich nur um eine entsprechende Anwendung handelt, ist Raum für die Berücksichtigung anderer Umstände. Dies ist insbesondere relevant, wenn Kinder verschiedener Altersstufen betreut werden müssen. Im vorliegenden Fall ist z. B. das eheliche Kind bereits in einem Alter, das eine Vollzeittätigkeit in der Regel zulassen würde, während der Betreuungsaufwand vor allem für die jüngeren Kinder besteht. Der Vater der betreuungsbedürftigen Kinder haftet dann in entsprechend höherem Umfang.

---

[11] So der BGH im zugrunde liegenden Urteil, NJW 2008, 3125, 3126f.

III. Leistungsfähigkeit des Y

Hier hat Y keine Tatsachen vorgetragen, aus denen sich seine mangelnde Leistungsfähigkeit ergeben könnte.

> Soweit das Vermögen des Y nicht zur Befriedigung mehrerer Unterhaltsansprüche ausreicht, kommt es ggf. auf den Rang des Unterhaltsanspruchs an. Hier sind die Kinder B und C im ersten Rang unterhaltsbedürftig (§ 1609 Nr. 1 BGB), auf dem zweiten Rang folgt X, und erst auf dem dritten Rang folgt die Ehefrau (E) des Y.

IV. Verwirkung des Unterhaltsanspruchs analog § 1579 BGB?

Allerdings könnte X ihren Anspruch auf Betreuungsunterhalt analog § 1579 BGB (oder über § 1615l Abs. 3 S. 1, 1611 BGB) verwirkt haben.

> Der BGH tendiert angesichts der großen Nähe zum nachehelichen Betreuungsunterhalt zu einer entsprechenden Anwendung der nachehelichen Verwirkung (§ 1579 BGB).

Dazu müsste die Inanspruchnahme des Y grob unbillig sein. In Betracht käme eine Verwirkung analog § 1579 Nr. 2 BGB, wenn X mit F in einer verfestigten Lebensgemeinschaft lebt. Dies erfordert eine gefestigte soziale und wirtschaftliche Verbindung, in der die Partner „ehegleiche ökonomische Solidarität" dergestalt üben, dass der eine Partner den anderen unterhält.[12] Dieses Maß hat die Beziehung zwischen X und F wohl noch nicht erreicht, da sie offenbar nicht zusammenleben (Tatfrage).

> Sollten jedoch im Rahmen einer Hausgemeinschaft bereits Leistungen von X an F erbracht werden (etwa die Haushaltsführung), müsste sie sich den Wert dieser Versorgungsleistungen fiktiv als eigenes Einkommen anrechnen lassen. Ihre Unterhaltsbedürftigkeit würde dann entsprechend herabgesetzt.

---

[12] BGH NJW 1983, 1548, 1551 und BGH NJW 1989, 1083, 1086 noch zur verfestigten Lebensgemeinschaft als Fallgruppe der „objektiven Unzumutbarkeit" in § 1579 Nr. 7 BGB a. F.

V. Ergebnis

X hat auch über den 31.12.2007 hinaus Anspruch auf Betreuungsunterhalt gemäß § 1615l BGB. Allerdings ist dieser zu kürzen, soweit eine teilweise außerhäusliche Betreuung der C möglich und zumutbar ist. Eine Vollzeitbeschäftigung ist der X angesichts des abendlichen Mehraufwands für die Betreuung selbst über das sechste Lebensjahr der C hinaus unter Umständen nicht zuzumuten.

> Die Höhe des Unterhalts wird anhand der Umstände des Einzelfalls ermittelt.

C. Anmerkungen

I. Rechtsprechung

Dem Fall liegt folgende BGH-Entscheidung zugrunde:

BGH, Urteil vom 16.7.2008 – XII ZR 109/05, NJW 2008, 3125 = FamRZ 2008, 1739 mit Anmerkungen von *Maurer*, FamRZ 2008, 1831 und *Viefhues*, FF 2008, 376

II. Grundlagen des Unterhaltsrechts

Kraft Gesetzes unterhaltsverpflichtet sind einander *Ehegatten* während bestehender Lebensgemeinschaft (sog. Familienunterhalt, §§ 1360, 1360a BGB), getrennt lebende Ehegatten (sog. Trennungsunterhalt, § 1361 BGB) und geschiedene Ehegatten (§§ 1569 ff. BGB) sowie *Verwandte in gerader Linie* (§ 1601 BGB). Darüber hinaus besteht im Rahmen des § 1615l BGB ausnahmsweise auch ein Unterhaltsanspruch nicht verheirateter Eltern (dazu ausführlich im Fall). Praktisch relevant sind insbesondere der Geschiedenenunterhalt sowie der Unterhalt für minderjährige Kinder.[13]

Unterhaltsansprüche bestehen nur, wenn und soweit der Anspruchsteller *bedürftig* und der Anspruchsgegner *leistungsfähig* ist. Unterhaltsbedürftig ist, wer außerstande ist, sich selbst zu unterhalten (§§ 1569 S. 2, 1602 Abs. 1 BGB[14]). Leistungsfähigkeit setzt voraus, dass der Verpflichtete bei Berücksichtigung seiner sonstigen Verpflichtungen ohne Gefährdung des sog. Selbstbehalts (= eigener angemessener Unterhalt) Leistungen erbringen kann (§§ 1581 S. 1, 1603 Abs. 1 BGB). Erhöhte Unterhaltspflichten bestehen gegenüber minderjährigen unverheirateten Kindern; hier müssen alle verfügbaren Mittel gleichmäßig zur Bestreitung des eigenen Unterhalts und des Kindesunterhalts verwandt werden (§ 1603 Abs. 2 S. 1 BGB[15]). Geschiedenenunterhalt setzt hingegen neben der Bedürftigkeit voraus, dass einer der in §§ 1570 ff. BGB beschriebenen Unterhaltstatbestände gegeben ist.

Der Unterhalt umfasst den gesamten Lebensbedarf (§§ 1610 Abs. 2, 1578 Abs. 1 S. 2 BGB); das Maß des Unterhalts bemisst sich nach der Lebensstellung des Bedürftigen (§ 1610 Abs. 1 BGB). Bei minderjährigen unverheirateten Kindern wird die Lebensstellung regelmäßig von den Eltern abgeleitet. Das Maß des Geschiedenenunterhalts bestimmt sich grundsätzlich nach den ehelichen Lebens-

---

[13] Zunehmend auch der Unterhaltsanspruch von pflegebedürftigen Eltern gegenüber ihren erwachsenen Kindern, siehe dazu etwa BVerfG FamRZ 2005, 1051.

[14] Nach § 1602 Abs. 2 BGB müssen minderjährige unverheiratete Kinder allerdings nicht den Stamm ihres Vermögens angreifen, sondern sind bereits unterhaltsbedürftig, wenn die Einkünfte aus dem Vermögen sowie der Ertrag der eigenen Arbeit nicht zum Unterhalt ausreichen.

[15] Ausnahmen davon in § 1603 Abs. 2 S. 3 BGB.

verhältnissen (§ 1578 Abs. 1 S. 1 BGB). In der Praxis haben sich Unterhaltstabellen herausgebildet, etwa die vom OLG Düsseldorf herausgegebene *Düsseldorfer Tabelle*.[16]

Genügt das Einkommen des Unterhaltsschuldners nicht zur Befriedigung aller Unterhaltsansprüche (sog. *Mangelfall*), gehen die Unterhaltsansprüche minderjähriger unverheirateter Kinder vor. Erst auf dem zweiten Rang folgen Unterhaltsansprüche eines Ehegatten wegen Betreuung eines gemeinsamen Kindes sowie Unterhaltsansprüche von Ehegatten und geschiedenen Ehegatten bei einer Ehe von langer Dauer (§ 1609 Nr. 2 BGB).[17]

III. Deliktischer Schutz von Unterhaltsansprüchen

Alle Unterhaltsansprüche erlöschen mit dem Tod des *Berechtigten*; dies folgt aus dem Zweck des Unterhaltsanspruchs als ein persönlicher Anspruch zur Unterstützung der Lebensführung. Unterschiedlich wirkt sich der Tod des *Verpflichteten* auf den Fortbestand von Unterhaltsansprüchen aus: Ansprüche auf Verwandtenunterhalt sowie auf Familien- und Trennungsunterhalt erlöschen (§§ 1615 Abs. 1, 1360a Abs. 3, 1361 Abs. 4 S. 4 BGB). Ansprüche auf Geschiedenenunterhalt sowie der Anspruch aus § 1615l BGB bestehen hingegen über den Tod des Unterhaltsschuldners hinaus fort und richten sich gegen den oder die Erben als sog. Nachlassverbindlichkeit (§§ 1586b Abs. 1, 1615l Abs. 3 S. 4 BGB).

> Die abweichende Entscheidung für den Verwandtenunterhalt beruht darauf, dass Verwandte in gerader Linie zugleich gesetzliche Erben (§§ 1924 ff. BGB) sind. Hier würde das Fortbestehen des Unterhaltsanspruchs beim Tod des Verpflichteten im gesetzlichen Regelfall zum Zusammentreffen von Unterhaltsberechtigtem und Unterhaltsverpflichteten führen.

Unabhängig davon, ob der Tod des Unterhaltsverpflichteten zum Erlöschen des Unterhaltsanspruchs führt, kann aus § 844 Abs. 2 BGB eine Ersatzpflicht des Schädigers resultieren, wenn einem kraft Gesetzes Unterhaltsberechtigten durch den Tod des Unterhaltsverpflichteten ein Unterhaltsschaden entstanden ist.[18]

---

[16] Die jeweils aktuelle Version ist auch im Internet abrufbar unter www.olg-duesseldorf.nrw.de.

[17] Geändert durch Gesetz zur Reform des Unterhaltsrechts (UÄndG), in Kraft getreten am 01.01.2008, BGBl. I 2007, S. 3189.

[18] Auch beim Geschiedenenunterhalt kann dies der Fall sein, wenn etwa der Getötete den Unterhalt mit seinem Erwerbseinkommen bestritten hat und damit die Unterhaltsquelle nicht auf die Erben übergegangen ist. Siehe dazu Staudinger/*Röthel* (2007), § 844 Rn. 86.

> Beachte: Ist der Unterhaltsberechtigte zugleich Erbe des Unterhaltsverpflichteten, ist im Rahmen der Vorteilsausgleichung zu prüfen, ob die erlangte Erbschaft auf den Unterhaltsanspruch anzurechnen ist. Nach der Quellentheorie des BGH[19] sind nur solche Vermögenswerte anzurechnen, die auch vor dem Tod des Unterhaltspflichtigen zur Bestreitung des Unterhalts dienten. Wurde der Unterhalt aus dem Vermögen des Getöteten erbracht, so geht die Quelle des Unterhalts auf den Erben über und muss angerechnet werden. Wurde der Unterhalt zu Lebzeiten aus Erwerbseinkommen bestritten, so führt das schädigende Ereignis zum Wegfall der Unterhaltsquelle; eine Anrechnung erfolgt deshalb nicht.

Während § 844 Abs. 2 BGB und die entsprechenden sondergesetzlichen Vorschriften (etwa § 10 Abs. 2 StVG, § 7 Abs. 2 ProdHaftG) große praktische Bedeutung haben, ist § 845 BGB inzwischen weitgehend bedeutungslos geworden. Die vorausgesetzte gesetzliche Dienstpflicht besteht nur noch als Dienstpflicht des sog. Hauskindes nach § 1619 BGB.[20]

IV. Lesehinweise

BGH, Urteil vom 16.4.2008 – XII ZR 7/05, NJW 2008, 2779 mit Anmerkung von Leipold (zur Unterhaltsbegrenzung, auch nach neuem Recht)
BGH, Urteil vom 6.5.2009 – XII ZR 144/08, NJW 2009, 1956 = JZ 2009 m.Anm *Röthel* (zum Betreuungsunterhalt nach neuem Recht)
OLG Hamm, Urteil vom 6.3.2008 – 2 UF 117/07, NJW 2008, 2049 (zum neuen Betreuungsunterhalt für geschiedene Ehegatten)
Coester-Waltjen, Grundzüge des Unterhaltsrechts, Jura 2005, 319

---

[19] BGH NJW 1974, 1236, 1237; a. A. *Medicus/Lorenz*, Schuldrecht AT, 18. Aufl. 2008, Rn. 707.
[20] Staudinger/*Röthel* (2007), § 845 Rn. 3.

Teil II
Erbrecht

Fall 8: Auch Erben können irren

A. Sachverhalt

Erblasser E hat seinen Sohn S zum Alleinerben eingesetzt und T zur Testamentsvollstreckerin ernannt. Nach dem Tod des E stellt sich bei der Testamentseröffnung am 24.7.2003 heraus, dass E den S mit zahlreichen Vermächtnissen beschwert hat. Am 25.7.2003 wendet sich T an S und berichtet ihm vom Inhalt des Testaments. Am 30.7.2007 wird dem S das Testament und das Eröffnungsprotokoll zugesandt.

Am 21.8.2003 fordert S die T schriftlich auf, ein Nachlassverzeichnis zu erstellen und teilt ihr zugleich seine Enttäuschung über den Testamentsinhalt mit. S ist der Ansicht, es wäre besser gewesen, wenn E ihn enterbt hätte, denn angesichts der Beschwerungen sei sein Erbteil im Ergebnis weniger wert als sein Pflichtteil. Von Bekannten weiß S, dass man eine Erbschaft wegen Überschuldung ausschlagen kann. Da er aber kein Spezialist in erbrechtlichen Fragen ist, kauft er das Buch „ZDF-WISO – Erben und Vererben", um sich über seine Rechte zu informieren. Nach Lektüre des Buches kommt er zu dem Schluss, er dürfe seine Erbschaft auf keinen Fall ausschlagen, weil dies den Verlust seines Pflichtteils nach sich ziehen würde. Da er zugleich liest, dass ein Erbe keinesfalls weniger als den Pflichtteil erlangen könne und notfalls einen Aufstockungsanspruch bis zur Höhe des Pflichtteils habe, ist S nicht weiter besorgt.

Am 28.9.2003 erfährt S von T, dass eine Ausschlagung der Erbschaft ohnehin nicht mehr in Betracht komme, weil das Recht zur Ausschlagung befristet sei. S wird nun doch unsicher und sucht den Notar N auf. Am 8.10.2003 gibt S sodann folgende notariell beglaubigte Erklärung ab, die am 13.10.2003 beim Nachlassgericht eingeht:

> „Am 7.7.2003 ist mein Vater verstorben. Mein Vater hat ein Testament hinterlassen, wonach ich zum Alleinerben berufen bin. Da ich die Erbschaft nicht fristgerecht ausgeschlagen habe, gilt die Erbschaft als angenommen. Ich fechte hiermit die Annahme der Erbschaft wegen Irrtums an und schlage die Erbschaft aus allen Berufungsgründen ohne jede Bedingung aus. Der Nachlass ist derart mit Vermächtnissen belastet, dass mein Pflichtteil gefährdet ist. Der Umstand war mir zum Zeitpunkt der Annahme nicht bekannt. Wäre mir dieser Umstand bekannt gewesen, hätte ich die Erbschaft zu keiner Zeit annehmen wollen."

Die zuständige Rechtspflegerin erteilt daraufhin am 1.4.2004 einen Erbschein, der die gesetzliche Erbfolge ausweist. Am 20.4.2004 lässt T anregen, den Erbschein einzuziehen. Ihrer Ansicht nach ist die Anfechtung der Versäumung der Ausschlagungsfrist durch S unwirksam und S daher Erbe des Nachlasses.

Wird das Nachlassgericht den erteilten Erbschein einziehen?

B. Lösung

Das Nachlassgericht wird den erteilten Erbschein gemäß § 2361 Abs. 1 BGB einziehen, wenn der Erbschein unrichtig ist.

I. Unrichtigkeit des erteilten Erbscheins

Ein Erbschein ist unrichtig i. S. des § 2361 Abs. 1 S. 1 BGB, wenn er entweder unter Verletzung grundlegender verfahrensrechtlicher Vorschriften erteilt wurde (formelle Unrichtigkeit) oder wenn die im Erbschein ausgewiesene Erbfolge der tatsächlichen Rechtslage nicht entspricht (materielle Unrichtigkeit).

> Materielle Unrichtigkeit des Erbscheins kann schon *von Anfang* an bestehen, wenn bereits im Zeitpunkt der Erbscheinserteilung die Voraussetzungen für die Erteilung des Erbscheins in Wahrheit nicht vorliegen, etwa wenn sich die zugrunde liegende Verfügung von Todes wegen als nichtig erweist. Ein Fall *nachträglicher* Unrichtigkeit liegt vor, wenn sich die Rechtslage nachträglich ändert. Dies ist bei Vor- und Nacherbschaft mit Eintritt der Nacherbfolge der Fall.

Der Erbschein könnte materiell unrichtig sein.

1. Im Erbschein ausgewiesene Rechtslage

Der erteilte Erbschein weist die gesetzlichen Erben (§§ 1924 ff. BGB) des E als Rechtsnachfolger aus.

2. Tatsächliche Rechtslage

Der Erbschein wäre materiell unrichtig, wenn E nicht von den gesetzlichen Erben, sondern aufgrund testamentarischer Verfügung durch S als Alleinerben beerbt worden wäre.

a) Einsetzung des S als Alleinerbe durch Verfügung von Todes wegen

E hat durch formgerechte Verfügung von Todes wegen den S zum Alleinerben eingesetzt (§§ 1937, 2247 BGB).

b) Konkludente Annahme der Erbschaft durch Aufforderung zur Erstellung eines Nachlassverzeichnisses

Zwar hat S die Annahme der Erbschaft (§ 1943 Alt. 1 BGB) nicht ausdrücklich erklärt. Möglicherweise kann aber seine am 21.8.2003 an T gerichtete Aufforderung, das Nachlassverzeichnis zu erstellen, als konkludente Erbschaftsannahme verstanden werden. Allerdings dient das Nachlassverzeichnis der Klärung des Nachlasswertes und soll dem Erben nur Aufschluss geben, ob eine Annahme der Erbschaft wirtschaftlich sinnvoll ist. Eine konkludente Erbschaftsannahme durch S liegt daher nicht vor.

c) Annahme der Erbschaft durch Verstreichenlassen der Ausschlagungsfrist

Die Annahme der Erbschaft könnte jedoch gemäß § 1943 Alt. 2 BGB fingiert werden, wenn S die Erbschaft nicht innerhalb der gesetzlichen Frist von sechs Wochen (§ 1944 Abs. 1 BGB) ausgeschlagen hat.

Die Ausschlagungsfrist beginnt gemäß § 1944 Abs. 2 BGB zu laufen, sobald der Erbe vom Anfall der Erbschaft und dem Grund seiner Berufung Kenntnis erlangt, bei testamentarischer Einsetzung jedoch nicht vor der Verkündung des Testaments. Im Falle eines pflichtteilsberechtigten, mit Vermächtnissen beschwerten Erben ist zudem § 2306 Abs. 1 S. 2 Hs. 2 BGB (a.F.) zu beachten.

> Achtung: Auf den Sachverhalt ist § 2306 BGB in der bis zum 1.1.2010 geltenden Fassung anzuwenden (im Folgenden: § 2306 BGB a.F.). Entscheidend ist der Zeitpunkt des Erbfalls, der hier vor dem Inkrafttreten von § 2306 BGB n.F. lag (Art. 229 § 23 Abs. 4 EGBGB i.d.F. des Gesetzes zur Änderung des Erb- und Verjährungsrechts vom 24.9.2009); zur Neuregelung noch eingehend unten C.II.

Voraussetzung für den Fristbeginn ist in diesen Fällen, dass der Erbe auch Kenntnis von seinen Beschwerungen erlangt. Hier hat S bei dem Gespräch mit T am 25.7.2003 Kenntnis vom Anfall der Erbschaft und vom Grund seiner Berufung – seiner Einsetzung durch Testament – erlangt. Das Testament war zu diesem Zeitpunkt auch bereits verkündet (§§ 1944 Abs. 2 S. 2, 2260 Abs. 2 BGB), und S hatte die gemäß § 2306 Abs. 1 S. 2 Hs. 2 BGB a.F. erforderliche Kenntnis von den ihm auferlegten Vermächtnissen. Die Ausschlagungsfrist begann folglich am 26.7.2003 (§ 187 Abs. 1 BGB) und endete am 5.9.2003 (§ 188 Abs. 1 BGB).

Ausdrücklich hat S die Ausschlagung erst durch notariell beurkundete Erklärung vom 8.10.2003, die beim Nachlassgericht am 13.10.2003 eingegangen ist, erklärt. Allenfalls könnte an die schriftliche Äußerung des S gegenüber T vom 21.8.2003, er sei über den Inhalt des Testaments enttäuscht, angeknüpft werden, doch kommt darin nicht der Wille zum Ausdruck, die Erbschaft ausschlagen zu wollen. Mangels fristgerechter Ausschlagung wird daher gemäß § 1943 BGB die Annahme der Erbschaft fingiert.

d) Anfechtung der Annahme der Erbschaft

S könnte aber die Annahme der Erbschaft gemäß §§ 119 Abs. 1, 1954 ff. BGB wirksam angefochten haben. Gemäß § 1957 BGB gilt eine Anfechtung der Annahme als Ausschlagung der Erbschaft.

> Die §§ 1954-1957 BGB enthalten für die Anfechtung der Annahme oder Ausschlagung einer Erbschaft Sonderregeln hinsichtlich Frist, Form und Wirkung der Anfechtung. Für den Anfechtungsgrund bestehen in den §§ 1954 ff. BGB keine Sonderregeln. Es gelten daher nur die allgemeinen Anfechtungsgründe der §§ 119, 120, 123 BGB. Insbesondere sind §§ 2078, 2079 BGB nicht anwendbar, so dass ein Motivirrtum nur unter den Voraussetzungen des § 119 Abs. 2 BGB sowie des § 2308 BGB zur Anfechtung berechtigt.[1]

Zwar stellt das Versäumen der Ausschlagungsfrist keine Willenserklärung dar, doch ergibt sich aus § 1956 BGB, dass die Versäumung der Ausschlagungsfrist in gleicher Weise angefochten werden kann wie die ausdrücklich erklärte Annahme.

> Aus diesem Grund kann gemäß § 1943 BGB die Annahme der Erbschaft auch nur fingiert werden („gilt als Annahme"). Dass § 1956 BGB die Anfechtung der Fristversäumung in gleicher Weise zulässt, wie die Anfechtung der erklärten Annahme, ist eine bemerkenswerte Besonderheit.[2] Grund hierfür sind Billigkeitserwägungen: Der Erbe, der die Erbschaft einen Tag vor Ablauf der Ausschlagungsfrist annimmt, soll hinsichtlich seiner Anfechtungsmöglichkeiten nicht besser gestellt werden, als derjenige Erbe, der die Frist versäumt. § 1956 BGB trägt dieser besonderen Interessenlage Rechnung (Ausnahmevorschrift) und ist nicht auf andere Fälle übertragbar, in denen der Fristablauf einer Erklärung gleichgestellt wird (wie z. B. in §§ 108 Abs. 2 S. 2, 416 Abs. 1 S. 2, 516 Abs. 2 S. 2 BGB).[3]

S müsste ein Anfechtungsgrund i. S. der §§ 119 ff. BGB zustehen. Ausweislich seiner notariellen Erklärung vom 8.10.2003 ging S davon aus, ihm stehe in jedem Fall – auch ohne Ausschlagung seines Erbteils – sein Pflichtteil zu, weil er gegebenenfalls

---
[1] MünchKommBGB/*Leipold*, 4. Aufl. 2004, § 1954 Rn. 3.
[2] MünchKommBGB/*Leipold*, 4. Aufl. 2004, § 1956 Rn. 1.
[3] MünchKommBGB/*Leipold*, 4. Aufl. 2004, § 1956 Rn. 1.

einen Anspruch auf Aufstockung seines Erbteils bis zur Höhe des Wertes des Pflichtteils habe. S ging zudem davon aus, er dürfe, um seinen Pflichtteil nicht zu verlieren, die Erbschaft nicht ausschlagen. Dass S dabei einer Fehlvorstellung unterlag, ergibt sich aus § 2306 Abs. 1 S. 2 BGB a.F. Danach kann S, dessen „hinterlassener Erbteil" – die auferlegten Vermächtnisse spielen nach dem ausdrücklichen Wortlaut der Vorschrift keine Rolle – größer ist als sein Pflichtteil, den Pflichtteil nur dann erlangen, wenn er die Erbschaft ausschlägt. Kurz: S irrte über die Notwendigkeit der Ausschlagung der belasteten Erbschaft nach § 2306 Abs. 1 S. 2 BGB a.F.

> Die Vorschrift des § 2306 BGB a.F. ist nicht einfach zu verstehen. Sie räumt dem belasteten Erben ein Wahlrecht zwischen belastetem Erbe und Pflichtteil ein, um sicherzustellen, dass auch der belastete Erbe im Ergebnis jedenfalls den Pflichtteil erhält.
>
> Wer als Erbe eingesetzt wird, hat grundsätzlich keinen Anspruch auf den Pflichtteil, denn er ist nicht „durch Verfügung von Todes wegen von der Erbfolge ausgeschlossen" (§ 2303 Abs. 1 BGB). Wird dem Erben weniger als der Pflichtteil zugewendet oder wird der Erbteil durch Vermächtnisse oder andere Beschwerungen und Beschränkungen entwertet, drohte sonst eine Umgehung des Pflichtteilsrechts. Dies wird durch § 2306 BGB und § 2305 BGB verhindert. Dabei sind die Anwendungsbereiche von § 2305 BGB und § 2306 BGB streng auseinander zu halten: Während § 2305 BGB bei kleinem, aber unbelastetem Erbteil eingreift, findet § 2306 BGB auf die Fälle Anwendung, in denen der zugewendete Erbteil – unabhängig von seiner Größe – den in § 2306 Abs. 1 BGB genannten Beschwerungen und Beschränkungen unterliegt. Dabei ist im Rahmen des § 2306 Abs. 1 BGB a.F. weiter zu unterscheiden:
>
> § 2306 Abs. 1 S. 1 BGB a.F. greift ein, wenn der dem Erben „hinterlassene Erbteil" – auferlegte Beschwerungen bleiben bei der Wertermittlung unberücksichtigt[4] – geringer ist als der Pflichtteil. In diesem Fall gelten die Beschwerungen als nicht angeordnet, werden also gesetzlich „gestrichen". Die Erbschaft wird anschließend in einem zweiten Schritt gemäß § 2305 BGB, der nach Beseitigung der Beschwerungen tatbestandlich Anwendung findet, bis zur Höhe des Pflichtteilsanspruchs aufgestockt (sog. Pflichtteilsrestanspruch bzw. Zusatzpflichtteil).[5]
>
> § 2306 Abs. 1 S. 2 BGB a.F. greift dagegen ein, wenn der hinterlassene Erbteil zwar den Pflichtteil übersteigt, aber aufgrund der Beschwerungen für den Erben weniger wert ist als der Pflichtteil. In diesem Fall hat der Erbe das Recht, das Erbe auszuschlagen und den Pflichtteil zu verlangen. § 2306 Abs. 1 S. 2 BGB a.F. stellt somit eine Ausnahme zu dem Grundsatz dar, dass derjenige, der die Erbschaft ausschlägt – und damit nicht gemäß § 2303 Abs. 1

---

[4] Zur Größenbestimmung im Einzelfall vgl. Palandt/*Edenhofer*, 68. Aufl. 2009, § 2306 Rn. 2.
[5] MünchKommBGB/*Lange*, 4. Aufl. 2004, § 2306 Rn. 1.

B. Lösung

> BGB *durch Verfügung von Todes wegen* von der Erbfolge ausgeschlossen ist –, keinen Pflichtteil erhält. Unterlässt der Erbe im Fall des § 2306 Abs. 1 S. 2 BGB a.F. die Ausschlagung (wie S in unserem Fall), so bleibt es bei seinem mit Beschwerungen belasteten Erbe.
>
> Aufgrund der in § 2306 Abs. 1 BGB a.F. eingeräumten Wahlmöglichkeiten ist der Erbe gezwungen, innerhalb der Ausschlagungsfrist den Wert seines Erbteils zu ermitteln und zu entscheiden, ob für ihn ein Fall von S. 1 oder S. 2 gegeben ist. § 2306 BGB a.F. bewirkt damit einen erheblichen Zeitdruck. Diese schwer verständliche und fehleranfällige Vorschrift wurde mit Wirkung zum 1.1.2010 entscheidend vereinfacht.[6]

Der Irrtum des S über die Notwendigkeit der Ausschlagung für den Erhalt seines Pflichtteils könnte als Inhaltsirrtum i.S. des § 119 Abs. 1 Alt. 1 BGB zur Anfechtung berechtigen. Ein Inhaltsirrtum liegt unter anderem dann vor, wenn der Erklärende über die Rechtsfolgen seiner Willenserklärung irrt, weil ein Rechtsgeschäft andere als die erstrebten Rechtswirkungen erzeugt (sog. Rechtsirrtum).[7] Dabei gilt es zu differenzieren: Bringt ein Rechtsgeschäft nicht die beabsichtigten, sondern *wesentlich* andere Wirkungen hervor, handelt es sich um einen Rechtsirrtum, der zur Anfechtung berechtigt. Dagegen liegt ein unbeachtlicher Motivirrtum vor, wenn die eigentlich intendierten Rechtswirkungen tatsächlich eintreten und nur *zusätzlich oder mittelbar* auch andere, ungewollte Rechtsfolgen ausgelöst werden.

S irrt sich über die Rechtsfolgen, die das Verstreichenlassen der Ausschlagungsfrist mit sich bringt, denn anders als von ihm bezweckt, bewirkt die Fristversäumnis auch den Verlust des Ausschlagungsrechts nach § 2306 Abs. 1 S. 2 BGB (a.F.) und damit den Verlust des Pflichtteils. Ob darin ein beachtlicher Rechtsirrtum liegt, hängt davon ab, ob der Verlust des Anfechtungsrechts aus § 2306 Abs. 1 S. 2 BGB (a.F.) lediglich eine mittelbare, neben die fingierte Annahme tretende Folge der Fristversäumung ist (dann unbeachtlicher Motivirrtum), oder aber eine eigenständige, gleichwertige Rechtfolge der Fristversäumung (dann beachtlicher Rechtsirrtum).

Das BayObLG will danach differenzieren, ob die Annahme der Erbschaft durch ausdrückliche Erklärung oder durch schlüssiges Verhalten bzw. Versäumung der Ausschlagungsfrist erfolgt. Bei einer ausdrücklich erklärten Erbschaftsannahme liege die unmittelbar erstrebte Rechtsfolge darin, in die Erbenstellung einzurücken. Der Verlust des Wahlrechts aus § 2306 Abs. 1 S. 2 BGB a.F. sei dann eine nur nebensächliche, mittelbare Rechtsfolge, so dass ein hierauf bezogener Irrtum nicht zur Anfechtung berechtige. Dagegen soll die Anfechtung möglich sein, wenn der Erbe die Erbschaft durch schlüssiges Verhalten annimmt und er weder weiß noch will, dass hierdurch sein Recht verlorengeht, die Erbschaft nach § 2306 Abs. 1 S. 2 BGB a.F. auszuschlagen.[8]

---

[6] Hierzu noch unten C. II.
[7] Palandt/*Ellenberger*, 68. Aufl. 2009, § 119 Rn. 15.
[8] BayObLG NJW-RR 1995, 904.

Gegen diese Unterscheidung spricht jedoch der mit § 2306 Abs. 1 S. 2 BGB a.F. verfolgte Gesetzeszweck. § 2306 Abs. 1 S. 2 BGB a.F. räumt dem beschwerten pflichtteilsberechtigten Erben gezielt ein Wahlrecht zwischen dem belasteten Erbteil und dem Pflichtteil ein, wobei die Ausübung des Wahlrechts durch Gebrauchmachen oder Nichtgebrauchmachen vom Ausschlagungsrecht erfolgt. Weil aber die Wirkungen der Ausschlagung bzw. der Annahme spezifisch verknüpft sind mit dem Bestehen des Pflichtteilsanspruchs und auf diesen unmittelbar Einfluss nehmen, kann es sich beim Verlust des Wahlrechts des § 2306 Abs. 1 S. 2 BGB a.F. nicht um eine bloße Nebenfolge der Erbschaftsannahme handeln. Der Verlust des Pflichtteilsrechts ist stets – sowohl bei ausdrücklicher Annahme als auch bei Annahme durch Versäumung der Ausschlagungsfrist – eine unmittelbare und wesentliche Rechtsfolge der Annahme, so dass ein Irrtum hierüber als Rechtsirrtum nach § 119 Abs. 1 Alt. 1 BGB zur Anfechtung berechtigt.[9]

> Diese Auffassung hat auch der BGH auf Vorlage des OLG Hamm[10] in seinem Beschluss vom 7.7.2006[11] vertreten. Nach Ansicht des BGH sind das Einrücken in die Erbenstellung und der Verlust des Wahlrechts aus § 2306 Abs. 1 S. 2 BGB a.F. zwei gleichwertige Folgen der Annahme der Erbschaft, unabhängig davon ob die Annahme ausdrücklich oder konkludent erklärt oder wegen Versäumung der Ausschlagungsfrist fingiert wird. Die Auswirkung auf die Erbenstellung und das Pflichtteilsrecht seien „zwei Seiten derselben Medaille".[12]

Weitere Voraussetzung einer wirksamen Anfechtung ist, dass S die Anfechtung dem richtigen Anfechtungsgegner gegenüber erklärt hat (vgl. § 143 BGB), hier gegenüber dem Nachlassgericht (§ 1955 S. 1 BGB). Die Anfechtungserklärung des S ist am 13.10.2003 beim Nachlassgericht, mithin beim richtigen Anfechtungsgegner, eingegangen.

Die Anfechtung müsste zudem innerhalb der Anfechtungsfrist des § 1954 Abs. 1 BGB erklärt worden sein. Die Frist beginnt gemäß § 1954 Abs. 2 BGB mit dem Zeitpunkt, in dem der Anfechtungsberechtigte vom Anfechtungsgrund Kenntnis erlangt. S hat Kenntnis vom Anfechtungsgrund entweder am 28.9.2003 erlangt, als er von T über die Befristetheit seines Ausschlagungsrechts informiert wurde, oder aber jedenfalls am 8.10.2003 bei Abgabe der notariell beurkundeten Ausschlagungserklärung. In beiden Fällen erfolgte die am 13.10.2003 beim Nachlassgericht eingegangene Anfechtungserklärung fristgerecht.

S hat somit wirksam die Anfechtung der fingierten Erbschaftsannahme erklärt, so dass die Annahme ex tunc (§ 142 Abs. 1 BGB) unwirksam geworden ist. Gemäß

---

[9] Vgl. *Keim*, ZEV 2003, 358.
[10] OLG Hamm NJW 2005, 3880.
[11] BGHZ 168, 210 = NJW 2006, 3353.
[12] In diesem Sinne auch das OLG Düsseldorf NJW-FER 2001, 23.

§ 1957 Abs. 1 BGB gilt die Anfechtung der Annahme außerdem als Ausschlagung, so dass der Anfall an S als nicht erfolgt gilt und die Erbschaft rückwirkend an die gesetzlichen Erben des E fällt (§ 1953 Abs. 1, Abs. 2 BGB).

II. Ergebnis

Die gesetzlichen Erben des E sind Rechtsnachfolger des E. Der auf den S als Alleinerben ausgestellte Erbschein ist materiell richtig und daher nicht gemäß § 2361 BGB vom Nachlassgericht einzuziehen.

C. Anmerkungen

I. Rechtsprechung

Dem Fall liegt folgende BGH-Entscheidung zugrunde:

BGH, Beschluss vom 5.7.2006 – IV ZB 39/05, BGHZ 168, 210 = NJW 2006, 3353 (Anfechtung der Erbschaftsannahme wegen Rechtsirrtums) aufgrund Vorlagebeschlusses des OLG Hamm vom 5.7.2006 – IV ZB 39/05, NJW 2006, 3353

II. Anmerkungen zur vorgeschlagenen Reform des § 2306 BGB

§ 2306 BGB a.F. wurde seit längerem als komplizierte und für die Praxis schwer handhabbare Regelung gerügt. Die Vorschrift barg für den belasteten Erben ein großes Risiko, denn eine Fehlberechnung des Wertes des Erbteils und darauf aufbauend eine falsche Entscheidung konnte zu einem endgültigen Rechtsverlust führen. Weiß der Erbe beispielsweise nicht, dass der hinterlassene Erbteil kleiner ist als sein Pflichtteil und schlägt er die Erbschaft aus, weil er sich im Anwendungsbereich des § 2306 Abs. 1 S. 2 BGB a.F. wähnt, erhält er am Ende weder seinen Erbteil noch seinen Pflichtteil.[13] Diese Folge wird allgemein als unbillig empfunden. Vielfach mussten Gerichte in der Vergangenheit solche Unbilligkeiten korrigieren.[14] Auch die diesem Fall zugrunde liegende Entscheidung des BGH ist letztlich eine Billigkeitsentscheidung, mit der der BGH die Irrtumsanfälligkeit im Anwendungsbereich des § 2306 Abs. 1 BGB a.F. auszugleichen versucht.

Hier bringt das Gesetz zur Änderung des Erb- und Verjährungsrechts[15] künftig eine erhebliche Erleichterung. Für Erbfälle, die nach dem 1.1.2010 eintreten, steht dem belasteten Erben künftig unabhängig von der Höhe des ihm hinterlassenen Erbteils ein Wahlrecht zwischen dem belasteten Erbteil und seinem Pflichtteil zu. § 2306 Abs. 1 BGB n.F. lautet:

> „Ist ein als Erbe berufener Pflichtteilsberechtigter durch die Einsetzung eines Nacherben, die Ernennung eines Testamentsvollstreckers oder eine Teilungsanordnung beschränkt oder ist er mit einem Vermächtnis oder einer Auflage beschwert, so kann er den Pflichtteil verlangen, wenn er den Erbteil ausschlägt; die Ausschlagungsfrist beginnt erst, wenn der Pflichtteilsberechtigte von der Beschränkung oder der Beschwerung Kenntnis erlangt."

---

[13] Vgl. *Muscheler*, ZEV 2008, 105, 107.
[14] So etwa OLG Düsseldorf NJW-FER 1999, 242; OLG Düsseldorf NJW-FER 2001, 23; OLG Hamm NJW 1981, 2585; LG München I LSK 2004, 470296.
[15] Gesetz zur Änderung des Erb- und Verjährungsrechts vom 24.9.2009, BGBl. 2009 I, S 3142 ff.

C. Anmerkungen   99

Nunmehr gilt Folgendes: Bleibt der belastete Erbe untätig, bleibt alles, wie es ist. Schlägt er aus, erhält er seinen Pflichtteil. Durch § 2306 BGB n.F. wird allerdings nur verhindert, dass sich der Erbe aufgrund falscher Vorstellungen vom Wert des hinterlassenen Erbteils zu seinem Nachteil verhält. Dagegen bleibt ein Irrtum darüber, dass eine Ausschlagung Voraussetzung für das Pflichtteilsrecht ist, weiterhin denkbar.

Auswirkungen auf den vorliegenden Fall

S irrte sich nicht über den Wert des ihm hinterlassenen Erbteils, sondern über den Umstand, dass das Verstreichenlassen der Ausschlagungsfrist zum Verlust des Ausschlagungsrechts (so noch § 2306 Abs. 1 S. 2 BGB [a.F.]) führt, er aber, um seinen Pflichtteil zu erhalten, die Erbschaft rechtzeitig ausschlagen muss. Dieser Irrtum bleibt auch nach der Reform des § 2306 Abs. 1 BGB vorstellbar und dürfte nach den vom BGH aufgezeigten Grundsätzen nach wie vor als beachtlicher Rechtsirrtum zur Anfechtung berechtigen.

III. Lesehinweise

BayObLG, Beschluss vom 16.3.1995 – 1Z BR 82/94, NJW-RR 1995, 904
OLG Düsseldorf, Beschluss vom 18.9.2000 – 3 Wx 229/00, NJW-FER 2001, 23
Keim, Die vergessene Ausschlagung beim durch Vermächtnis entwerteten Erbteil, ZEV 2003, 358
Finger, Anmerkung zu BGH, Beschluss vom 5.7.2006 – IV ZB 39/05, LMK 2006, 198547

Fall 9: Alles nur eine Formfrage

A. Sachverhalt

Erblasserin E ist 89 Jahre alt, ledig und kinderlos. Sie hatte vier Schwestern (S1–S4), doch ist S4 vor Jahren bei einem Verkehrsunfall ums Leben gekommen. Am 15.12.2002 entschließt sie sich, ihr Testament zu errichten. Allerdings versagt ihr Kugelschreiber bereits nach wenigen Schriftzügen. E legt daher einen Durchschreibebogen (sog. Blaupause) auf das Papier und fertigt so ein Testament mit folgendem Inhalt:

> … Nach meinem Ableben soll mein Haus an X übergehen, aber nicht auf deren Ehemann. Sollte X etwas zustoßen, soll es auf deren Tochter J übergehen. Das Haus darf aber nicht verkauft werden. Die Grabpflege soll von dem Hausbesitzer übernommen werden. Die Kosten für den Grabstein sollen von meinen Ersparnissen abgezogen werden, Mindestbetrag 5.000 €. X braucht nichts an andere auszubezahlen. Mein erspartes Geld soll auf meine Geschwister aufgeteilt werden, zu gleichen Teilen. Ich hoffe, dass sie einen Teil davon an ihre Kinder verteilen. Vom Hausbesitzer soll übernommen werden, dass jährlich eine Messe für mich gelesen wird. K, der Sohn meiner verstorbenen Schwester S4, soll den gleichen Anteil bekommen wie meine Schwestern. […] Ich hoffe, dass alles ehrlich verteilt wird und kein Streit entsteht. […] (Ort, Datum, Unterschrift)

E verstirbt im Mai 2004. Zu diesem Zeitpunkt sind auch S1 und S2 bereits verstorben. S1 hinterlässt vier Kinder (N1–N4), S2 drei (N5–N7). Außerdem leben noch K und S3, die ebenfalls zwei Kinder hat (N8 und N9).

Das Nachlassgericht schätzt den Wert des Hauses der E auf ca. 223.000 €, ihr Geldvermögen auf 152.716 € und erteilt einen Erbschein, der X als Alleinerbin ausweist. Nachträglich stellt sich jedoch heraus, dass das Geldvermögen der E mindestens 770.000 € betrug. Als die Kinder N1–N9 hiervon erfahren, beantragen sie die Einziehung des Erbscheins und dessen Neuerteilung.

Wie wird das Nachlassgericht entscheiden?

B. Lösung

Das Nachlassgericht wird den Erbschein gemäß § 2361 Abs. 1 S. 1 BGB einziehen, wenn er unrichtig ist. Dies wäre insbesondere der Fall, wenn X nicht Alleinerbin der E geworden ist.[1]

X könnte durch das Testament der E vom 15.12.2002 zur Alleinerbin berufen worden sein. Dies setzt jedoch voraus, dass das Testament wirksam errichtet wurde und sich aus ihm die Alleinerbenstellung der X ergibt.

> Die in den §§ 1924 ff. BGB geregelte gesetzliche Erbfolge ist *subsidiär* zur sog. gewillkürten Erbfolge kraft Verfügung von Todes wegen (Testament oder Erbvertrag; siehe §§ 1937, 1941 Abs. 1 BGB sowie im Einzelnen §§ 2064 ff., 2274 ff. BGB). Dass der Gesetzgeber gleichwohl die gesetzliche Erbfolge vorangestellt hat, entspricht dem Befund der Praxis: Die gesetzliche Erbfolge ist noch immer der tatsächliche Regelfall. In der Klausur ist daher zunächst zu prüfen, ob durch Verfügung von Todes wegen eine Erbeinsetzung erfolgt ist; erst danach ist ggf. die gesetzliche Erbfolge zu erläutern. Liegt eine wirksame Erbeinsetzung durch Verfügung von Todes wegen vor, verbietet sich jede Erörterung der gesetzlichen Erbfolge. Allerdings kann auch bei wirksamer Verfügung von Todes wegen die gesetzliche Erbfolge relevant werden, etwa wenn der Erblasser darin keine Erbeinsetzungen vorgenommen, sondern nur Vermächtnisse (§ 1939 BGB) und Auflagen (§ 1940 BGB) angeordnet hat, oder wenn nur ein Bruchteil des Vermögens zugesprochen wurde.

I. Wirksamkeit des privatschriftlichen Testaments

1. Testierfähigkeit und Höchstpersönlichkeit

E war zum Zeitpunkt der Errichtung testierfähig (§ 2229 BGB)[2] und hat das Testament persönlich errichtet (§ 2064 BGB).

2. Form des privatschriftlichen Testaments

E müsste das Testament eigenhändig niedergeschrieben und unterzeichnet haben (§ 2247 Abs. 1 BGB). Ob auch das mittels Blaupause errichtete Testament dem

---

[1] Vgl. zur Unrichtigkeit des Erbscheins bereits die Ausführungen bei Fall 8, B. I.

[2] Das Vorliegen der Testierfähigkeit wird vermutet. Wer sich darauf beruft, der Erblasser sei testierunfähig gewesen, muss dies ggf. darlegen und beweisen; näher Palandt/*Edenhofer*, 68. Aufl. 2009, § 2229 Rn. 11.

Erfordernis der Eigenhändigkeit genügt, muss anhand des Zwecks der Formvorschrift des § 2247 Abs. 1 BGB ermittelt werden. Dieser besteht darin, zu gewährleisten, dass das Testament tatsächlich vom Erblasser stammt und dessen selbstständig gebildeten Willen verkörpert. Eigenhändige Errichtung liegt daher nur dann vor, wenn anhand der individuellen Merkmale der Handschrift mit ausreichender Sicherheit überprüft werden kann, ob die Verfügung von Todes wegen tatsächlich vom Erblasser herrührt.

Beim Blaupausetestament erscheint dies zweifelhaft, denn die Schriftzüge auf dem Papier stammen nicht unmittelbar aus der Feder des Erblassers, sondern werden nur mittelbar – über den Durchschreibebogen – auf das Papier durchgedrückt, wobei durch das feste, meist senkrechte Aufdrücken des Stiftes die Charakteristika der Handschrift verändert werden können. Zudem steigt das Fälschungsrisiko, weil Dritte die Schriftzüge des Erblassers nachzeichnen und durch Weglassen einzelner Wörter deren Inhalt verändern können.[3] Dennoch folgt aus diesen Überlegungen nicht, dass es bei einem Blaupausetestament grundsätzlich an der Eigenhändigkeit fehlt.[4] Die Schriftzüge werden – anders als etwa beim Einsatz mechanischer Hilfsmittel wie Stempel oder Schreibmaschine – unmittelbar von der Hand des Erblassers geformt, an die Stelle der Tinte tritt lediglich die Farbpaste des Durchschreibebogens. Abweichungen von den charakteristischen Merkmalen der Handschrift treten beim Durchpausen nicht stärker auf als bei Verwendung eines ungewohnten Schreibgeräts. Auch dem Gesetzgeber war bewusst, dass ein privatschriftliches Testament nicht dieselbe Echtheitsgarantie bietet wie ein öffentliches Testament, und dass das Fälschungsrisiko abhängig vom verwendeten Schreibgerät unterschiedlich sein kann.[5] Er hat dennoch die Möglichkeit des privatschriftlichen Testaments eröffnet, ohne dem Erblasser die Verwendung bestimmter Schreibgeräte vorzugeben.[6] Die Verwendung einer Blaupause stellt daher nicht die Eigenhändigkeit in Frage, es ist lediglich das erhöhte Fälschungsrisiko durch eine besonders sorgfältige Echtheitsprüfung auszugleichen.[7]

Anzeichen für eine Fälschung des Testaments gibt es vorliegend nicht. E hat das Testament zudem eigenhändig unterzeichnet und somit eine wirksame Verfügung von Todes wegen errichtet.

II. Inhalt des Testaments

Ob X tatsächlich Alleinerbin der E geworden ist, hängt vom Inhalt des Testaments ab. Dieser ist durch Auslegung zu ermitteln. Da das Testament keine empfangs-

---

[3] KG, Beschluss vom 28.3.1963, auszugsweise abgedruckt in NJW 1966, 663.
[4] Voraussetzung ist allerdings, dass das Blaupausetestament vom Erblasser selbst errichtet wurde und der Erblasser nicht nur die von einem Dritten vorgeschriebenen Schriftzüge durchpaust, vgl. MünchKommBGB/*Hagena*, 4. Aufl. 2004, § 2247 Rn. 14.
[5] Vgl. BGHZ 47, 68 = NJW 1967, 1124 unter Hinweis auf Prot V S. 326, 328.
[6] Palandt/*Edenhofer*, 68. Aufl. 2009, § 2247 Rn. 6.
[7] BGHZ 47, 68 = NJW 1967, 1124; BayObLG NJW 1965, 2301.

bedürftige Willenserklärung darstellt und ein schutzwürdiger Empfänger nicht existiert, kommt es allein auf den Willen der E im Zeitpunkt der Errichtung des Testaments an (§ 133 BGB).[8]

1. Erbeinsetzung trotz Zuwendung einzelner Vermögensgegenstände

Es erscheint bereits fraglich, ob X überhaupt Erbin geworden ist, denn E hat den Begriff „Erbe" in ihrem Testament nicht benutzt. Mit dem Haus wurde X ein einzelner Vermögensgegenstand zugewendet. Gemäß § 2087 Abs. 2 BGB kann im Zweifel nicht von einer Erbeinsetzung der X ausgegangen werden. Allerdings handelt es sich bei § 2087 Abs. 2 BGB nur um eine Auslegungsregel („im Zweifel"). Vorrangig ist stets die individuelle, einzelfallbezogene Auslegung des Testaments. Die Tatsache, dass E mit dem Haus und dem ersparten Bargeld im Wesentlichen ihren gesamten Nachlass verteilt hat, legt nahe, dass E eine Erbeinsetzung wollte. Denn es kann nicht davon ausgegangen werden, dass ein Erblasser sein gesamtes Vermögen verteilt, ohne dabei eine oder mehrere Personen als Erben einsetzen zu wollen.[9]

2. Alleinerbschaft der X

Ob X Alleinerbin ist, richtet sich in erster Linie nach den Wertverhältnissen der vermachten Gegenstände. Alleinerbschaft der X wäre zu bejahen, wenn der Wert des Hauses den Wert der Ersparnisse wesentlich übersteigen und hieraus der Wille der E ersichtlich würde, X den Hauptteil ihres Vermögens zu übertragen.[10] Tatsächlich aber stehen dem Wert des Hauses von 223.000 € Ersparnisse im Wert von 770.000 € gegenüber. Bei diesen Wertverhältnissen kann nicht davon ausgegangen werden, dass X Alleinerbin der E sein sollte. Zwar lag E das Schicksal des Hauses besonders am Herzen, und X sollte die typischerweise dem Erben obliegende Aufgabe der Grabpflege übernehmen, doch spricht eindeutig gegen eine Alleinerbschaft der X, dass E den fünf im Testament benannten Personen nahezu gleich große Anteile zugewendet hat.

3. Erbeinsetzung zu je 1/5

Durch die von E verfügten Zuwendungen sollen X, S1, S2, S3 und K jeweils ungefähr 1/5 des Vermögens der E erhalten. Es liegt daher nahe, dass sie zu je 1/5 Erben der E sein sollten.

---

[8] Vgl. *Brox/Walker*, Erbrecht, 23. Aufl. 2009, Rn. 197f.
[9] Vgl. MünchKommBGB/*Schlichting*, 4. Aufl. 2004, § 2087 Rn. 8; Palandt/*Edenhofer*, 68. Aufl. 2009, § 2087 Rn. 3.
[10] Vgl. Palandt/*Edenhofer*, 68. Aufl. 2009, § 2087 Rn. 4.

B. Lösung

> Eine exakte Aufteilung entsprechend der genauen Quote lässt sich in der Praxis kaum bewerkstelligen, wird von den Gerichten aber auch nicht für erforderlich erachtet. Da sich die Quote nach den Wertverhältnissen im Zeitpunkt der Testamentserrichtung richte, könne sie ohnehin nur ein größenordnungsmäßig geschätzter Wert sein.[11]

4. Vorausvermächtnis zugunsten der X

Allerdings übersteigt das der X zugewendete Haus den Wert ihres Erbteils. Die Zuwendung des Hauses kann entweder als Teilungsanordnung (§ 2048 S. 1 BGB) oder als Vorausvermächtnis (§ 2150 BGB) zu verstehen sein. Nur wenn die Zuwendung des Hauses als Teilungsanordnung zu verstehen wäre, müsste sich X die Zuwendung auf ihren Erbteil anrechnen lassen und den Teil, der ihren Erbteil übersteigt, ausgleichen.[12]

> Maßgebliches Kriterium für die Abgrenzung von Teilungsanordnung (§ 2048 BGB) und Vorausvermächtnis (§ 2150 BGB) ist der Begünstigungswille des Erblassers. Sollen die Erbquoten unangetastet bleiben und eine eventuell eintretende Wertdifferenz ausgeglichen werden, liegt eine Teilungsanordnung vor. Dagegen handelt es sich um ein Vorausvermächtnis, wenn der Erbe gegenüber den Miterben begünstigt werden soll, indem ihm *zusätzlich* zu seinem Erbteil ein Gegenstand zugewendet wird.[13]
>
> Schwierigkeiten bereitet die Abgrenzung in Fällen wie dem vorliegenden: Einem Erben wird ein Gegenstand zugewiesen, der wertvoller ist als sein Erbteil. Damit wird der Erblasser zumeist bezweckt haben, dass der Empfänger einen etwaigen Mehrbetrag nicht auszugleichen hat, aber im Gegenzug auch nicht am restlichen Nachlass zu beteiligen ist. Der Begünstigungswille des Erblassers deutet auf ein Vorausvermächtnis hin. Dagegen spricht jedoch, dass der Erbe den Gegenstand nicht zusätzlich zu seinem Erbteil erhalten soll.[14] Ein reines Vermächtnis (§§ 1939, 2147 BGB) scheidet aus, weil der Begünstigte eindeutig Erbe und nicht nur Vermächtnisnehmer sein sollte. Der BGH behilft sich mit einer nicht unumstrittenen Konstruktion: Nur der über den Erbteil hinausgehende Wert des zugewendeten Gegenstandes soll ein Vorausvermächtnis sein (sog. Wertvermächtnis).[15]

---

[11] OLG München NJW-RR 2007, 1162, 1163.
[12] Vgl. *Brox/Walker*, Erbrecht, 23. Aufl. 2009, Rn. 525.
[13] Vgl. MünchKommBGB/*Heldrich*, 4. Aufl. 2004, § 2048 Rn. 16.
[14] Das OLG München ist auf dieses Problem in der Originalentscheidung nicht eingegangen und hat aufgrund des Begünstigungswillens der Erblasserin ohne Weiteres ein Vorausvermächtnis bejaht, vgl. OLG München NJW-RR 2007, 1162.
[15] BGH NJW 1985, 51; Palandt/*Edenhofer*, 68. Aufl. 2009, § 2048 Rn. 5; kritisch hierzu *Loritz*, NJW 1988, 2697.

Nach dem ausdrücklichen Willen der E soll X „nichts an andere ausbezahlen". Die Zuweisung des Hauses an X wäre danach als Vorausvermächtnis einzuordnen. Als Vorausvermächtnisnehmerin würde X das Haus jedoch zusätzlich zu ihrem Erbteil erhalten und wäre zu 1/5 auch am restlichen Nachlass zu beteiligen. An den Ersparnissen sollte X nach dem Willen der E aber nicht beteiligt werden. Daher stellt nur der über den Erbteil der X hinausgehende Wert des Hauses ein Vorausvermächtnis dar.

5. Ersatzerbfolge bezüglich der verstorbenen Schwestern

Fraglich ist, wie sich der Tod von S1 und S2 auf die Erbfolge auswirkt. Deren Erbteile könnten den übrigen Erben angewachsen sein mit der Folge, dass X, S3 und K entsprechend mehr erhielten (§ 2094 Abs. 1 S. 1 BGB). Gemäß § 2099 BGB ist jedoch vorrangig zu prüfen, ob nicht N1–N4 sowie N5–N7 als Ersatzerben (§ 2096 BGB) an die Stelle von S1 und S2 getreten sind.

a) § 2069 BGB analog

Eine entsprechende Auslegungsregel enthält § 2069 BGB für den Fall, dass ein Erblasser seine Abkömmlinge zu Erben eingesetzt hat. Allerdings hat E nicht ihre Abkömmlinge, sondern ihre Schwestern als Erben eingesetzt. Hierauf könnte § 2069 BGB allenfalls analog anzuwenden sein. Dagegen spricht allerdings der klare Wortlaut der Vorschrift. Auch enthält § 2069 BGB nicht den verallgemeinerungsfähigen Gedanken, dass bei Wegfall einer mit dem Erblasser verwandten oder ihm nahestehenden Person ersatzweise der betreffende Stamm berufen sein soll.[16]

b) Auslegung

Möglicherweise ergibt sich jedoch aus den Umständen des Einzelfalls, dass nach dem Willen der E die N1–N7 Ersatzerben sein sollten.
Ein solcher Wille der E ist dem Testament nicht – auch nicht durch erläuternde Auslegung – zu entnehmen, denn nichts deutet daraufhin, dass E den Fall des Vorversterbens einer ihrer Schwestern regeln wollte. Möglicherweise ergibt sich jedoch im Wege der ergänzenden Auslegung, dass E, hätte sie die Möglichkeit des Versterbens ihrer Schwestern bedacht, eine Ersatzerbfolge zugunsten der N1–N7 eingerichtet hätte (hypothetischer Wille).[17] Allerdings hat E im Hinblick auf das Haus die Ersatzerbfolge zugunsten der J ausdrücklich angeordnet, so dass im Umkehrschluss eine Ersatzerbfolge hinsichtlich der Ersparnisse nicht gewollt zu sein

---

[16] So die einhellige Meinung, vgl. statt vieler Palandt/*Edenhofer*, 68. Aufl. 2009, § 2069 Rn. 8; BGHZ 59, 343 = NJW 1973, 240.

[17] Vgl. zur ergänzenden Vertragsauslegung im Zusammenhang mit § 2069 BGB *Perkams*, ZEV 2005, 510.

B. Lösung

scheint. Gleichwohl sprechen die überzeugenderen Argumente für eine Ersatzerbfolge auch im Hinblick auf die Ersparnisse. Schon die Tatsache, dass E im Falle der verstorbenen S4 den K gleichberechtigt neben S1–S3 eingesetzt hat, ist ein starkes Indiz dafür, dass E ihr Erspartes gleichmäßig auf die – von den Schwestern nur repräsentierten – Stämme übertragen wollte. E hat bei der Einsetzung von S1–S3 ausdrücklich auf deren verwandtschaftliche Stellung als maßgebliches Verteilungskriterium Bezug genommen und sich ersichtlich nicht davon leiten lassen, ob sie zu ihren Geschwistern ein gutes oder schlechtes persönliches Verhältnis hatte. Dass K den gleichen Anteil erhalten sollte wie S1–S3, zeigt, dass E auf Gleichbehandlung der Stämme bedacht war und sie ihr Vermögen in den verwandtschaftlichen Bahnen weitergeben wollte. Letztlich bezeugt die Passage „Ich hoffe, dass sie einen Teil davon an ihre Kinder verteilen", dass E bei Errichtung des Testaments auch die nachfolgenden Generationen im Blick hatte.

Allerdings müsste dieser durch ergänzende Auslegung ermittelte Wille der E aufgrund des Formgebots des § 2247 Abs. 1 BGB im Testament eine – wenn auch unvollkommene – Andeutung gefunden hat (sog. Andeutungstheorie).

Mit der Andeutungstheorie[18] versucht der BGH, den „Spagat" zwischen der Ermittlung des Erblasserwillens mit allen zur Verfügung stehenden Mitteln (§ 133 BGB) und dem Formgebot des § 2247 Abs. 1 BGB zu meistern. Dogmatisch bewirkt sie eine Erleichterung des Formzwangs.

Die Andeutungstheorie spielt keine Rolle bei der Auslegung des Testaments. Zur Ermittlung des Willens des Erblassers können alle auch außerhalb der Testamentsurkunde liegenden Umstände herangezogen werden. Die Andeutungstheorie wird erst relevant bei der Frage, ob der ermittelte Wille auch formwirksam gemäß § 2247 Abs. 1 BGB geäußert wurde. Wurde der Wille durch *erläuternde* Auslegung ermittelt, ist dies unproblematisch der Fall, denn dort hat der Erblasser seinen Willen formgerecht, wenn auch missverständlich und auslegungsbedürftig im Testament zum Ausdruck gebracht. Anders bei der *ergänzenden* Auslegung: Diese fördert einen Willen zu Tage, der sich nicht aus dem Testament, sondern allein aus den Begleitumständen ergibt. Hier droht ein Verstoß gegen § 2247 Abs. 1 BGB, den der BGH vermeidet, indem er als Mittelweg zumindest eine Andeutung des im Wege ergänzender Auslegung ermittelten Willens in der formpflichtigen Erklärung verlangt. Teile der Literatur sehen hierin eine ungerechtfertigte Besserstellung des „geschwätzigen Erblassers" und ein Einfallstor für Rechtsunsicherheit und unkalkulierbare Entscheidungen der Gerichte.[19]

Die nach der Andeutungstheorie nötige Andeutung in der formpflichtigen Urkunde liegt hier bereits darin, dass E nahestehende Verwandte unter Hinweis auf deren

---

[18] BGHZ 80, 242 = NJW 1981, 1737; BGHZ 86, 41 = NJW 1983, 672.
[19] *Brox/Walker*, Erbrecht, 23. Aufl. 2009, Rn. 200.

verwandtschaftliche Funktion als Erben berufen hat.[20] N1–N7 sind somit als Ersatzerben an die Stelle von S1 und S2 getreten.

6. Zwischenergebnis

E wird von X, S3 und K zu 1/5 beerbt. N1–N4 sind Erben zu je 1/20 und N5–N7 zu je 1/15.

III. Ergebnis

Der Erbschein, der X als Alleinerbin ausweist, ist unrichtig. Das Nachlassgericht wird ihn gemäß § 2361 Abs. 1 S. 1 BGB einziehen.

---

[20] Vgl. BayObLG NJW-RR 2004, 158; OLG München NJW-RR 2006, 1597.

C. Anmerkungen

I. Rechtsprechung

Dem Fall liegen folgende Entscheidungen zugrunde:

BGH, Beschluss vom 3.2.1967 – III ZB 14/66, BGHZ 47, 68 = NJW 1967, 1124 (Gültigkeit eines mittels Blaupause errichteten Testaments)
OLG München, Beschluss vom 21.5.2007 – 31 Wx 120/06, NJW-RR 2007, 1162

II. Besondere Regeln für die Testamentsauslegung

1. Wirklicher Wille des Erblassers statt objektiver Bedeutung

Das Testament ist eine einseitige, nicht empfangsbedürftige Willenserklärung. Weil ein schutzwürdiger Empfänger nicht existiert, sind Vertrauens- oder Verkehrsschutzaspekte bei der Testamentsauslegung nicht von Bedeutung. Die inhaltliche Erforschung des Willens richtet sich allein nach § 133 BGB, die Perspektive des Empfängers (objektiver Empfängerhorizont, § 157 BGB) sowie ein etwaiges Vertrauen des Bedachten sind unbeachtlich.

2. Erläuternde Auslegung

Bestehen inhaltliche Zweifel über die Bedeutung von testamentarischen Anordnungen, ist erläuternd auf sämtliche, auch außerhalb des Testaments liegende Umstände zurückzugreifen. Wieder geht es allein um die Ermittlung des Erblasserwillens im Zeitpunkt der Testamentserrichtung.

3. Ergänzende Auslegung

Ergeben sich zwischen Testamentserrichtung und Erbfall Veränderungen, die der Erblasser nicht vorhergesehen hat und fehlt im Testament eine ausdrückliche Regelung, die der veränderten Situation gerecht wird, so ist die Lücke durch Ermittlung des hypothetischen Erblasserwillens zu schließen (sog. ergänzende Auslegung). Es empfiehlt sich eine Zwei-Schritt-Prüfung: Erstens: Feststellung der Lücke im Testament. Zweitens: Schließung der Lücke, wobei die entscheidende Fragestellung lautet: Welche Regelung hätte der Erblasser getroffen, wenn er im Zeitpunkt der Testamentserrichtung die veränderte Sachlage bedacht hätte?

Beachte: Wird der Erblasserwille durch *ergänzende* Auslegung ermittelt, muss auf der Ebene der Form die Andeutungstheorie angesprochen werden.[21]

---

[21] Vgl. zur Andeutungstheorie den Kasten unter B. II. 5. b).

4. Wohlwollende Auslegung

Lässt ein Testament verschiedene Auslegungen zu, so ist gemäß § 2084 BGB diejenige vorzuziehen, bei der die Verfügung Erfolg haben kann. Allerdings ist für § 2084 BGB kein Raum, wenn das Testament formnichtig ist oder der (unwirksame) Erblasserwille eindeutig feststeht.

5. Spezielle erbrechtliche Auslegungsregeln

Führt auch die konkrete Auslegung anhand der Umstände des Einzelfalls zu keinem eindeutigen Ergebnis, kann bei fortbestehendem Zweifel – subsidiär! – auf gesetzliche Auslegungsregeln zurückgegriffen werden. Diese beruhen auf allgemeinen Erfahrungssätzen und bilden einen typischen Erblasserwillen ab. Wer einen anderen, untypischen Erblasserwillen behauptet, muss diesen beweisen. Die wichtigsten erbrechtlichen Auslegungsregeln sind §§ 2066–2072 BGB (zur Bestimmung des Bedachten) und §§ 2074–2077 BGB (für bedingte Zuwendungen).[22]

III. *Lesehinweise*

BGH, *Urteil* vom 14.3.1984 – IVa ZR 87/82, NJW 1985, 51
Loritz, Teilungsanordnung und Vorausvermächtnis, NJW 1988, 2697

---

[22] Vgl. hierzu ausführlich *Brox/Walker*, Erbrecht, 23. Aufl. 2009, Rn. 197 ff.

Fall 10: Beim nächsten Mann wird alles anders

A. Sachverhalt

Die Eheleute E und M errichten am 10.11.1980 notariell ein gemeinschaftliches Testament, in dem sie sich gegenseitig als befreite Vorerben und ihre Tochter T als Nacherbin einsetzen. E und M sind sich dabei einig, dass ihr Vermögen auch im Fall einer Scheidung der T zufallen soll. Im Jahr 1983 trennt sich E von M und lebt seitdem mit F zusammen. 1988 errichtet E ein notarielles Testament, in dem sie unter Aufhebung aller bisherigen letztwilligen Verfügungen die „Zoologischer Garten Berlin AG" zu ihrer Alleinerbin einsetzt, der T eine lebenslange Rente und dem F ein lebenslanges Wohnrecht in einem ihrer Häuser vermacht.

Anfang August 1995 erfährt E, dass sie unheilbar erkrankt ist und nur noch wenige Monate leben wird. Sie heiratet daraufhin Ende August 1995 den F, nimmt das Testament von 1988 aus der amtlichen Verwahrung zurück und errichtet am 15.9.1995 ein eigenhändiges Testament, in dem sie F als befreiten Vorerben und T als Nacherbin einsetzt. Am 4.2.1996 verstirbt E.

T meint, die Erbfolge richte sich nach dem gemeinschaftlichen Testament aus dem Jahr 1980 und will gerichtlich feststellen lassen, dass sie Nacherbin nach M als Vorerben ist.

Ist die Feststellungsklage begründet?

B. Lösung

Die Feststellungsklage (§ 256 ZPO) ist begründet, wenn T Nacherbin nach ihrem Vater M als Vorerben ist. Dies wäre der Fall, wenn das gemeinschaftliche Testament aus dem Jahr 1980 wirksam errichtet und nicht durch spätere letztwillige Verfügungen der E aufgehoben worden wäre.

I. Gemeinschaftliches Testament von 1980

Als Eheleute konnten E und M wirksam ein gemeinschaftliches Testament errichten (§ 2265 BGB).

> Für die Errichtung eines gemeinschaftlichen Testaments gelten grundsätzlich die Formvorschriften über die Errichtung von Einzeltestamenten, soweit in §§ 2266, 2267 BGB nichts anderes bestimmt ist (insbes. Erleichterungen). Ohne dass dies ausdrücklich in §§ 2265 ff. BGB geregelt ist, kann ein gemeinschaftliches Testament auch in öffentlicher Form errichtet werden, d. h. gemäß §§ 2213 Nr. 1, 2232 BGB.

Die Errichtung erfolgte formgerecht zur Niederschrift eines Notars (§§ 2231 Nr. 1, 2232 BGB). Entsprechend der darin getroffenen Verfügungen wäre M befreiter Vorerbe (§ 2136 BGB) und T seine Nacherbin (§ 2100 BGB).

> An dieser Stelle konnte man sich kurz fassen, denn Wirksamkeit und Inhalt des gemeinschaftlichen Testaments sind unproblematisch.
> Da E und M ausdrücklich Vor- und Nacherbschaft angeordnet haben, bedurfte es keiner Abgrenzung zwischen Einheits- und Trennungslösung.[1]

II. Unwirksamkeit des gemeinschaftlichen Testaments aufgrund Trennung

Das gemeinschaftliche Testament könnte durch die Trennung von E und M im Jahr 1983 seine Wirksamkeit verloren haben. Gemäß § 2268 Abs. 1 BGB wird ein gemeinschaftliches Testament grundsätzlich seinem ganzen Inhalt nach unwirksam,

---

[1] Zu diesem klausurrelevanten Problem noch ausführlich unten C. II. 2.

B. Lösung

wenn die Ehe vor dem Tod des Erblassers aufgelöst wird (§ 2077 BGB).[2] Dies ist hier der Fall, denn die Ehe zwischen E und M wurde rechtskräftig geschieden und somit aufgelöst (§§ 2077 Abs. 1 S. 1, 1564 S. 2 BGB).

Allerdings macht § 2268 Abs. 2 BGB von diesem Grundsatz eine Ausnahme, wenn anzunehmen ist, dass die Eheleute die Wirksamkeit ihrer letztwilligen Verfügungen auch für den Fall der Scheidung gewollt hätten.[3] E und M waren sich im Zeitpunkt der Errichtung des gemeinschaftlichen Testaments darüber einig, dass es auch im Fall der Scheidung gelten sollte. Die Scheidung berührt die Wirksamkeit des von E und M errichteten gemeinschaftlichen Testaments daher nicht.

> Gemäß § 2268 Abs. 2 BGB bleibt das gemeinschaftliche Testament (nur) *insoweit* wirksam, als der Aufrechterhaltungswille der Ehegatten reicht. Dabei ist unerheblich, ob es sich um wechselbezügliche (§ 2270 BGB) oder um einseitige Verfügungen handelt. Entscheidend ist der Aufrechterhaltungswille im Zeitpunkt der Testamentserrichtung, und zwar bei wechselbezüglichen Verfügungen der Wille beider Ehegatten, bei einseitigen Verfügungen der Wille des jeweils verfügenden Ehegatten.[4]

III. Aufhebung durch die Testamente aus den Jahren 1988 und 1995

Das gemeinschaftliche Testament von E und M könnte jedoch durch die späteren Verfügungen der E aus den Jahren 1988 und 1995 widerrufen worden sein.

Bei dem Testament aus dem Jahr 1988 könnte es sich um ein Widerrufstestament i. S. des § 2254 BGB handeln, denn E hat darin ausdrücklich die Aufhebung aller vorausgehenden Verfügungen angeordnet. Ein Widerruf könnte aber auch in ihrem Testament aus dem Jahr 1995 liegen, denn die darin enthaltene Einsetzung des F zum befreiten Vorerben steht in inhaltlichem Widerspruch sowohl zum gemeinschaftlichen Testament aus dem Jahr 1980 als auch zum notariellen Testament aus dem Jahr 1988 (§ 2258 BGB).

> Letztwillige Verfügungen können – anders als lebzeitige Verfügungen – jederzeit widerrufen werden (§ 2253 BGB). Für den Widerruf eines Testaments bestehen verschiedene Möglichkeiten:

---

[2] Die Vorschrift trägt der Tatsache Rechnung, dass Eheleute im Falle einer Scheidung aufgrund der veränderten Umstände gewöhnlich nicht mehr an die im gemeinschaftlichen Testament getroffenen Verfügungen gebunden sein wollen.

[3] Ein solcher Aufrechterhaltungswille kommt nur dann in Betracht, wenn der Fortbestand der Ehe für den Erblasser bei der Errichtung der letztwilligen Verfügung überhaupt keine Rolle gespielt hat, vgl. hierzu Palandt/*Edenhofer*, 68. Aufl. 2009, § 2268 Rn. 3.

[4] Palandt/*Edenhofer*, 68. Aufl. 2009, § 2268 Rn. 2.

1. Widerrufstestament (§ 2254 BGB)
Hierunter versteht man die ausdrückliche testamentarische Erklärung, ein früheres Testament werde widerrufen. Das Widerrufstestament kann – muss aber nicht – über den Widerruf hinaus neue Verfügungen (z. B. neue Erbeinsetzungen) enthalten. Für die Form gelten die allgemeinen Anforderungen an die Form eines Testaments (§§ 2231 ff. BGB). Nicht erforderlich ist, dass das Widerrufstestament in derselben Form errichtet wird, wie das zu widerrufende Testament. Ein zur Niederschrift des Notars errichtetes Testament kann auch durch eigenhändiges Testament widerrufen werden (sog. Gleichwertigkeit der Testamentsformen).

2. Widerspruchstestament (§ 2258 BGB)
Hierunter versteht man eine Verfügung von Todes wegen, die den Widerruf eines früher errichteten Testaments zwar nicht ausdrücklich, wohl aber konkludent enthält, indem es zu diesem in inhaltlichem Widerspruch steht. Soweit die beiden Testamente inhaltlich unvereinbar sind, gebührt dem späteren Testament der Vorrang, und zwar unabhängig davon, ob der Erblasser das frühere Testament erwähnt oder überhaupt bedacht hat.[5]

3. Vernichtung oder Veränderung in Aufhebungsabsicht (§ 2255 BGB)
Beispiele: Verbrennen oder Zerreißen des Testaments, Ausradieren, Durchstreichen, Vermerk, dass das Testament aufgehoben werden soll. Die Einhaltung der Testamentsform ist nicht erforderlich, daher muss ein solcher Vermerk nicht unterschrieben sein.[6] Die Vernichtung oder Veränderung muss durch den Erblasser erfolgen in der Absicht, das Testament aufzuheben. Aufhebungsabsicht wird gemäß § 2255 S. 2 BGB widerleglich vermutet, wenn feststeht, dass das Testament vom Erblasser selbst vernichtet oder verändert wurde.

4. Rücknahme aus der amtlichen Verwahrung (§ 2256 BGB)
Die Rücknahme aus der amtlichen Verwahrung bewirkt nur beim notariellen Testament den Widerruf der letztwilligen Verfügung (anders dagegen beim eigenhändigen Testament, vgl. §§ 2248, 2256 Abs. 3 BGB). Die Widerrufswirkung tritt – auch bei Verletzung der Belehrungspflicht (§ 2256 Abs. 1 S. 2 BGB – endgültig und unabhängig vom Willen des Erblassers ein. Voraussetzung ist jedoch, dass der Erblasser die Rückgabe aus amtlicher Verwahrung verlangt (§ 2256 Abs. 2 S. 1 BGB), und sie nicht nur zufällig erfolgt.[7]

Aufgrund der Besonderheiten des gemeinschaftlichen Testaments könnte ein einseitiger Widerruf durch E jedoch ausgeschlossen sein, wenn die zu widerrufende Verfügung wechselbezüglich i. S. des § 2270 BGB war. In diesem Fall wäre gemäß § 2271 Abs. 1 S. 1 BGB ein Widerruf nur in der für den Rücktritt vom Erbver-

---

[5] Palandt/*Edenhofer*, 68. Aufl. 2009, § 2258 Rn. 1.
[6] KG NJW 1957, 1364; *Leipold*, Erbrecht, 17. Aufl. 2009, Rn. 336 (str.).
[7] Palandt/*Edenhofer*, 68. Aufl. 2009, § 2256 Rn. 1.

B. Lösung

trag geltenden Form des § 2296 BGB, also durch notariell beurkundete Erklärung gegenüber dem anderen Teil, möglich.

> Zu beachten ist, dass ein einseitiger Widerruf wechselbezüglicher Verfügungen nicht etwa ausgeschlossen ist, sondern nur gesteigerten Formerfordernissen unterliegt. Durch das Erfordernis der notariell beurkundeten Erklärung gegenüber dem anderen Ehegatten soll gewährleistet werden, dass dieser vom Widerruf der wechselbezüglichen Verfügung erfährt und selbst entsprechend disponieren kann. Dagegen findet bei im gemeinschaftlichen Testament enthaltenen *einseitigen* Verfügungen kein besonderer Vertrauensschutz statt. Einseitige Verfügungen können daher jederzeit nach den allgemeinen Grundsätzen der §§ 2254 ff. BGB widerrufen werden.

a) Vorliegen wechselbezüglicher Verfügungen

Verfügungen von Ehegatten sind dann wechselbezüglich, wenn die eine Verfügung nicht ohne die andere getroffen werden sollte, die Verfügungen sich also gegenseitig bedingen. Es ist daher zu prüfen, zwischen welchen Verfügungen von E und M ein solcher Bedingungszusammenhang besteht.

Dass Eltern ihre gemeinsamen Kinder zu Nacherben einsetzen, beruht regelmäßig in erster Linie auf dem engen Verwandtschaftsverhältnis und erfolgt unabhängig davon, ob auch der andere Ehepartner das Kind bedenkt. Die Einsetzung der T durch E kann daher nicht als wechselbezüglich zur Einsetzung der T durch M angesehen werden.

Allerdings ist anzunehmen, dass E und M sich gegenseitig nur dann als Alleinerben einsetzen wollten, wenn der jeweils andere im Falle seines Überlebens die T als Erbe einsetzt. Daher handelt es sich bei der gegenseitigen Einsetzung der Eheleute E und M und der Einsetzung der T als Nacherbin um wechselbezügliche Verfügungen.[8] Ein Widerruf dieser Verfügungen konnte formwirksam nur durch notariell beglaubigte Erklärung gegenüber M erfolgen (vgl. § 2271 Abs. 1 S. 1 BGB).

> Genau genommen dürfte das Testament der Ehegatten E und M erst dann als „gemeinschaftliches" Testament bezeichnet werden, wenn feststeht, dass mindestens eine der darin enthaltenen Verfügungen eine wechselbezügliche Verfügung ist. Wird der Begriff des gemeinschaftlichen Testaments – wie im vorliegenden Klausursachverhalt – jedoch uneingeschränkt verwendet, noch dazu von einem Notar, erscheint es vorzugswürdig, das Problem der Wechselbezüglichkeit erst im Zusammenhang mit der Wirksamkeit des Widerrufs anzusprechen, denn wesentliche Auswirkung der Wechselbezüglichkeit einer Verfügung ist gerade ihre eingeschränkte Widerruflichkeit.

---

[8] Vgl. Palandt/*Edenhofer*, 68. Aufl. 2009, § 2270 Rn. 5.

b) Auswirkungen der Trennung der Eheleute auf die Widerruflichkeit

Allerdings könnte die Wechselbezüglichkeit der Verfügungen durch die Trennung der Eheleute entfallen sein, so dass die E nach der Trennung ihre Verfügungen einseitig und formlos widerrufen konnte.

Nach einer in der Literatur vertretenen Ansicht bleiben letztwillige Verfügungen bei entsprechendem Aufrechterhaltungswillen der Ehegatten zwar nach § 2268 Abs. 2 BGB wirksam. Allerdings entfalle mit der Auflösung der Ehe die Wechselbezüglichkeit und damit die Bindungswirkung des § 2271 Abs. 1 S. 2 BGB. Wenn die Ehe nicht mehr bestehe, gebe es keine Rechtfertigung mehr für das Verbot der einseitigen Aufhebbarkeit. Sonst wäre es möglich, Bindungswirkung für einen Zeitraum zu begründen, während dessen ein gemeinschaftliches Testament gar nicht wirksam errichtet werden kann. Hätte der Gesetzgeber gewollt, dass über § 2268 Abs. 2 BGB auch die Wechselbezüglichkeit erhalten bleibt, so hätte dies in § 2271 BGB ausdrücklich geregelt werden müssen.[9]

Der BGH sieht dies anders. Seiner Ansicht nach lässt die Auflösung der Ehe die Wechselbezüglichkeit unberührt. Gemäß § 2268 Abs. 2 BGB bleiben die Verfügungen der Ehegatten bei entsprechendem Willen inhaltlich voll aufrechterhalten, und zwar so, wie die Ehegatten es im Zeitpunkt der Testamentserrichtung wollten. Anhaltspunkte für einen Fortfall der Wechselbezüglichkeit mit dem Ende der Ehe ergäben sich weder aus dem Gesetz noch aus dessen Entstehungsgeschichte. Anders als die Gegenauffassung meint, hätte nicht die Fortgeltung der Wechselbezüglichkeit einer ausdrücklichen Regelung bedurft, sondern deren Beschränkung. Wenn § 2268 Abs. 2 BGB den Ehegatten die Möglichkeit eröffnet, über die Dauer der Ehe hinaus zu testieren, muss ihr Wille, eine Bindung der Verfügungen im Wege der Wechselbezüglichkeit zu schaffen, respektiert werden. Es liefe dem das Erbrecht beherrschenden Grundsatz, den Erblasserwillen zu verwirklichen (§§ 133, 2084 BGB) zuwider, würde man der von den Ehegatten gewollten Wechselbezüglichkeit mit dem Ende der Ehe ohne ausreichende gesetzliche Legitimation die Wirkung entziehen.[10]

c) Zwischenergebnis

Schließt man sich der Auffassung des BGH an, konnte E die wechselbezüglichen Verfügungen aus dem gemeinschaftlichen Testament aus dem Jahr 1980 nicht formlos widerrufen. Vielmehr hätte die Form des §§ 2271 Abs. 1 S. 1, 2296 BGB eingehalten werden müssen. Mangels formwirksamen Widerrufs durch E ist M befreiter Vorerbe der E und T Nacherbin nach M.

IV. *Ergebnis*

Die Feststellungsklage der T ist begründet.

---

[9] *Muscheler*, DNotZ 1994, 733.
[10] BGHZ 160, 33 = NJW 2004, 3113.

C. Anmerkungen

I. Rechtsprechung

Dem Fall liegt folgende BGH-Entscheidung zugrunde:
BGH, Urteil vom 7.7.2004 – IV ZR 187/03, BGHZ 160, 33 = NJW 2004, 3113
(Keine Aufhebung wechselbezüglicher Verfügungen nach Scheidung)

II. Prüfungsrelevante Besonderheiten des gemeinschaftlichen Testaments

1. Form

Anders als der Erbvertrag muss das gemeinschaftliche Testament nicht zwingend zur Niederschrift des Notars errichtet werden, sondern kann in allen für das Testament zulässigen Formen errichtet werden. Für die privatschriftliche Errichtung gilt außerdem – in Erleichterung des § 2247 Abs. 1 BGB – das Formenprivileg des § 2267 BGB. Danach muss nur *ein* Ehegatte (bzw. *ein* Lebenspartner, § 10 Abs. 4 LPartG) das Testament eigenhändig niederschreiben und unterzeichnen, während vom zweiten Ehegatten bzw. Lebenspartner nur eine eigenhändige Unterschrift verlangt wird.

2. Inhalt (Auslegung): Einheits- oder Trennungslösung

Besonders praxis- und klausurrelevant ist das gemeinschaftliche Testament in Form des sog. Berliner Testaments. Hierunter versteht man ein gemeinschaftliches Testament, in dem die Ehegatten/Lebenspartner sich gegenseitig zu Erben und einen Dritten – bei Ehegatten meist die gemeinsamen Kinder – als Erben des Überlebenden einsetzen. Hierbei bestehen zwei Gestaltungsmöglichkeiten:

a) Trennungslösung

Der überlebende Ehegatte ist Vorerbe, die Kinder werden Nacherben. Beim Tod des länger lebenden Ehegatten tritt der Nacherbenfall ein (= Trennungslösung, da zwei getrennte Vermögensmassen bestehen).

b) Einheitslösung

Der überlebende Ehegatte ist Vollerbe. Beim Tod des länger lebenden Ehegatten geht das gesamte Vermögen auf die Kinder über (= Einheitslösung, da das Vermögen beider Ehegatten als Gesamtheit auf die Kinder übergeht).

c) Abgrenzung

Ob Trennungs- oder Einheitslösung gewollt ist, ist durch Auslegung zu ermitteln. Nach der *Auslegungsregel des § 2269 Abs. 1 BGB* ist im Zweifel die Einheitslösung gewollt. Der Unterschied zwischen Einheits- und Trennungslösung äußert sich in zweierlei Hinsicht:

Rechtsstellung des Ehegatten: Bei der Einheitslösung kann der Ehegatte als Vollerbe unbeschränkt über den Nachlass verfügen. Bei der Trennungslösung unterliegt er als Vorerbe den Beschränkungen der §§ 2113 ff. BGB. Selbst wenn er als sog. befreiter Vorerbe eingesetzt wurde, ist eine vollständig Befreiung von den Beschränkungen der Vorerbschaft nicht möglich (vgl. § 2136 BGB).

Rechtsstellung der Kinder beim ersten Erbfall: Während die Kinder bei der Trennungslösung auch Erben (Nacherben) des erstverstorbenen Ehegatten sind, werden sie beim Einheitsprinzip völlig übergangen und können daher nach dem Tod des Erstversterbenden den Pflichtteil verlangen (§ 2303 Abs. 1 S. 1 BGB). Um dies zu verhindern, vereinbaren die Ehegatten zumeist eine sog. Verwirkungsklausel oder Pflichtteilsstrafklausel: Wenn ein Kind den Pflichtteil nach dem erstversterbenden Ehegatten verlangt, soll es nach dem Tod des Zweitversterbenden enterbt sein, also ebenfalls nur den Pflichtteil erhalten.[11] Eine Pflichtteilsstrafklausel ist daher ein Indiz für die Einheitslösung.

In der Klausur sind Ausführungen zur Abgrenzung von Einheits- und Trennungslösung insbesondere dann erforderlich, wenn es für die Falllösung auf einen dieser beiden Aspekte ankommt.

3. Wiederverheiratungsklauseln

Häufig vereinbaren Ehegatten, die sich gegenseitig zu Alleinerben eingesetzt haben, dass der überlebende Ehegatte im Falle seiner Wiederheirat sein Alleinerbrecht verlieren soll. Auch für die Auslegung einer solchen sog. Wiederverheiratungsklausel ist relevant, ob die Ehegatten die Einheits- oder Trennungslösung vereinbart haben.

Haben sich die Ehegatten für die *Trennungslösung* entschieden, bedeutet die Wiederheirat die Vorverlagerung des Nacherbfalles: Nicht erst mit dem Tod des Zweitversterbenden, sondern bereits mit der Wiederheirat fällt der Nachlass des Erstversterbenden an die Kinder.[12]

Schwieriger ist es bei der *Einheitslösung*: Nach überwiegender Ansicht ist die Klausel dahingehend auszulegen, dass der überlebende Ehegatte auflösend bedingter Vollerbe und aufschiebend bedingter Vorerbe sein soll.[13] Ein Teil der Lehre will dagegen auflösend bedingte Vorerbschaft und aufschiebend bedingte Vollerbschaft annehmen, wobei die Bedingung darin liegen soll, dass der Ehegatte verstirbt, ohne

---

[11] Vgl. hierzu ausführlich *Brox/Walker*, Erbrecht, 23. Aufl. 2009, Rn. 187 ff.
[12] *Brox/Walker*, Erbrecht, 23. Aufl. 2009, Rn. 191.
[13] Vgl. Palandt/*Edenhofer*, 68. Aufl. 2009, § 2269 Rn. 17.

C. Anmerkungen

wieder geheiratet zu haben.[14] Der Unterschied zwischen beiden Ansichten liegt in der Stellung des Ehegatten vor der Wiederheirat: Nach erster Ansicht (auflösend bedingter Vollerbe) kann er frei über den Nachlass verfügen, nach der anderen Ansicht (auflösend bedingter Vorerbe) unterliegt er den Verfügungsbeschränkungen der §§ 2113 ff. BGB.

4. Wechselbezügliche Verfügungen

Sie machen das Wesen des gemeinschaftlichen Testaments aus.

a) Voraussetzungen

Wechselbezüglich (korrespektiv) sind solche Verfügungen, von denen anzunehmen ist, dass die Verfügung des einen Ehegatten bzw. Lebenspartners nicht ohne die Verfügung des anderen getroffen sein würde (vgl. § 2270 Abs. 1 BGB). Ob ein solcher Bedingungszusammenhang vorliegt, ist durch Auslegung zu ermitteln, wird im Zweifel aber gemäß § 2270 Abs. 2 BGB für die dort genannten typischen Fälle vermutet.

b) Folgen der Wechselbezüglichkeit

- Bedingungszusammenhang zu Lebzeiten (§ 2270 Abs. 1 BGB):
  Die Nichtigkeit oder der Widerruf der einen Verfügung hat die Nichtigkeit bzw. die Unwirksamkeit der wechselbezüglichen Verfügung zur Folge.
- Erschwerte Widerruflichkeit zu Lebzeiten und Bindungswirkung nach dem Tod eines Ehegatten (§ 2271 Abs. 1, Abs. 2 BGB):
  Eine wechselbezügliche Verfügung kann zu Lebzeiten der Ehegatten nur unter Einhaltung einer bestimmten Form (notariell beglaubigte Erklärung gegenüber dem anderen Teil, § 2296 BGB), nach dem Tod eines Ehegatten überhaupt nicht mehr (Ausnahme: Ehegatte schlägt das ihm Zugewendete aus) widerrufen werden.
- Beeinträchtigungsschutz zugunsten des Bedachten:
  Nach dem Tod eines Ehegatten ist der überlebende Ehegatte an seine Verfügung gebunden und jede beeinträchtigende letztwillige Verfügung ist – wie beim Erbvertrag – unwirksam. Diese Bindung beschränkt die Testierfreiheit des Überlebenden, jedoch nicht seine Freiheit, zu Lebzeiten nach Belieben über sein Vermögen zu verfügen. Für das gemeinschaftliche Testament existieren keine gesetzlichen Vorschriften, die den Begünstigten vor beeinträchtigenden Verfügungen des überlebenden Ehegatten schützen. Aufgrund der gleichen Interes-

---
[14] *Leipold*, Erbrecht, 17. Aufl. 2009, Rn. 480.

senlage wie bei der erbvertraglichen Bindung werden jedoch die §§ 2287, 2288 BGB entsprechend angewandt.[15]

5. Anfechtung

Für die Anfechtung des gemeinschaftlichen Testaments fehlen ausdrückliche Regeln. Nach h. M. gelten für das Anfechtungsrecht des Erblassers die Vorschriften über den Erbvertrag (§§ 2281 ff. BGB) analog,[16] da das gemeinschaftliche Testament sonst eine stärkere Bindungswirkung entfalten würde als der Erbvertrag.

---

[15] *Brox/Walker*, Erbrecht, 23. Aufl. 2009, Rn. 195.
[16] BGHZ 37, 331 (333); *Leipold*, Erbrecht, 17. Aufl. 2009, Rn. 475.

Fall 11: Geschenkt ist geschenkt – oder etwa nicht?

A. Sachverhalt

Die Eheleute F und M errichten im Jahr 1995 ein formwirksames gemeinschaftliches Testament. Darin setzen sie sich gegenseitig als Alleinerben ein und bestimmen außerdem:

> Als Nacherben setzen wir ein:
> 1) Unserer Tochter T soll aus dem Nachlass nur der Pflichtteil angeboten werden.
> 2) Unsere Nichten N1 und N2, die uns sehr nahe stehen, sollen jeweils die Hälfte des gesamten Nachlasses erhalten.

Am 30.1.1997 verstirbt F. Nach ihrem Tod kommt es zwischen M, N1 und N2 zu Auseinandersetzungen. M schenkt daraufhin aus seinem eigenen – nicht ererbten – Vermögen ein Grundstück im Wert von insgesamt 500.000 € an T. Eine Anrechnung auf den Pflichtteil soll nach dem Willen des M dabei nicht erfolgen.

1999 verstirbt M. Er hinterlässt ein Vermögen von 300.000 €.

N1 und N2 verlangen nun von T Herausgabe des Grundstücks. Sie tragen vor, T sei zur Herausgabe verpflichtet, weil M die Zuwendung nur vorgenommen habe, um den Nachlass zu schmälern und N1 und N2 zu schaden. T wendet ein, das gemeinschaftliche Testament sei unwirksam, da F dem M gedroht habe, sich das Leben zu nehmen, falls M seine Unterschrift verweigere. Außerdem macht T Pflichtteils- und Pflichtteilsergänzungsansprüche geltend. N1 und N2 tragen vor, M habe das Testament aus freien Stücken unterschrieben. Jedenfalls habe er zu keinem Zeitpunkt die Anfechtung des Testaments erklärt.

Können N1 und N2 von T das Grundstück herausverlangen?

Hinweis für die Bearbeitung:
Andere Verwandte des M existieren nicht. Ob F dem M gedroht hat, lässt sich nicht mehr aufklären.

B. Lösung

N1 und N2 könnten gegen T einen Anspruch auf Herausgabe des Grundstücks entsprechend § 2287 Abs. 1 i. V. mit §§ 812 ff. BGB haben.

---

§ 2287 Abs. 1 BGB schützt den durch Erbvertrag Bedachten vor lebzeitigen Schenkungen des Erblassers, die den Nachlass schmälern, und gibt ihm einen bereicherungsrechtlichen Herausgabeanspruch gegen den Beschenkten. Die Vorschrift ist erforderlich, weil der Erblasser durch den Erbvertrag nicht gehindert wird, über sein Vermögen durch Rechtsgeschäft unter Lebenden zu verfügen (§ 2286 BGB). Der Erblasser könnte die erbvertragliche Bindung umgehen, indem er zu Lebzeiten sein Vermögen verschenkt und so den Nachlass zum Nachteil des Vertragserben „aufzehrt".[1]

Dazu müsste § 2287 BGB auf den vorliegenden Fall anwendbar sein.

I. Anwendbarkeit des § 2287 BGB

1. Analoge Anwendbarkeit des § 2287 BGB auf gemeinschaftliche Testamente

Aufgrund seines Wortlauts und seiner systematischen Stellung gilt § 2287 Abs. 1 BGB nur zugunsten des „Vertragserben", d. h. zugunsten des durch Erbvertrag Bedachten. Die Einsetzung von N1 und N2 erfolgte jedoch durch gemeinschaftliches Testament.

Daher kommt allenfalls eine analoge Anwendung des § 2287 Abs. 1 BGB in Betracht. Die für eine Analogie notwendige Regelungslücke besteht, denn für gemeinschaftliche Testamente gibt es keine entsprechende Vorschrift. Darüber hinaus müsste die Interessenlage desjenigen, der durch gemeinschaftliches Testament eingesetzt wurde, mit derjenigen des Vertragserben vergleichbar sein. Dies ist zu bejahen, wenn die Verfügung bindend geworden ist und nicht mehr einseitig widerrufen werden kann. In diesem Fall ist der durch gemeinschaftliches Testament Bedachte gegenüber benachteiligenden lebzeitigen Schenkungen des Erblas-

---

[1] Vgl. Palandt/*Edenhofer*, 68. Aufl. 2009, § 2287 Rn. 1. Dabei ist zu beachten, dass § 2287 BGB nur bezüglich der „vertragsmäßigen" Verfügungen des Erbvertrags gilt, an die der Erblasser gebunden ist, nicht aber für im Erbvertrag enthaltene einseitige Verfügungen (vgl. § 2299 BGB). Da diese vom Erblasser jederzeit nach §§ 2253 ff. BGB widerrufen werden können, besteht kein schutzwürdiges Vertrauen, das durch die Schenkung enttäuscht werden könnte.

B. Lösung

sers ebenso schutzbedürftig wie der Vertragserbe, so dass nach allgemeiner Ansicht § 2287 Abs. 1 BGB auf diesen Fall analog anwendbar ist.[2]

2. Bindend gewordene Verfügung

Entscheidend ist somit, ob die Einsetzung von N1 und N2 bindend geworden ist. Hierfür müsste es sich bei der Einsetzung von N1 und N2 um eine wechselbezügliche Verfügung i. S. des § 2270 Abs. 1 BGB handeln, denn nur eine solche kann gemäß § 2271 Abs. 2 S. 1 BGB bindend werden.

a) Wechselbezügliche Verfügung

Verfügungen sind zueinander wechselbezüglich, wenn die Verfügung des einen Ehegatten nicht ohne die Verfügung des anderen Ehegatten getroffen werden sollte. Ob dies der Fall ist, ist im Einzelfall durch Auslegung zu ermitteln. Entscheidend ist der übereinstimmende Wille der Ehegatten im Zeitpunkt der Testamentserrichtung.[3] Hier lässt sich ein solcher Wille nicht mehr zweifelsfrei feststellen. Somit kann auf die Zweifelsregel des § 2270 Abs. 2 BGB zurückgegriffen werden.

§ 2270 Abs. 2 BGB greift nur „im Zweifel" ein, d. h. nur dann, wenn der Wille der Ehegatten trotz Ausschöpfung aller zur Verfügung stehender Möglichkeiten nicht durch Auslegung ermittelt werden kann.[4]

§ 2270 Abs. 2 BGB enthält zwei Fallgestaltungen, in denen im Zweifel die Wechselbezüglichkeit angenommen wird:

1. Die Ehegatten bedenken sich gegenseitig. Dabei muss es sich nicht um eine gegenseitige Erbeinsetzung handeln, möglich ist auch, dass ein Ehegatte den anderen zum Erben einsetzt, der andere seinen Partner dagegen mit einem Vermächtnis bedenkt.
2. Ein Ehegatte bedenkt den anderen. Der Bedachte bedenkt seinerseits für den Fall seines Überlebens einen Dritten, der mit dem erstgenannten Ehegatten verwandt ist oder diesem sonst nahe steht.[5]

Ein gemeinschaftliches Testament, in dem sich die Ehegatten zunächst gegenseitig als Erben einsetzen und das Vermögen letztlich einem Dritten,

---

[2] Vgl. Palandt/*Edenhofer*, 68. Aufl. 2009, § 2287 Rn. 3; *Brox/Walker*, Erbrecht, 23. Aufl. 2009, Rn. 195.
[3] Palandt/*Edenhofer*, 68. Aufl. 2009, § 2270 Rn. 2.
[4] Palandt/*Edenhofer*, 68. Aufl. 2009, § 2270 Rn. 7.
[5] *Brox/Walker*, Erbrecht, 23. Aufl. 2009, Rn. 192.

> meist einem gemeinsamen Kind, zugewendet werden soll, enthält – unabhängig davon, ob Einheits- oder Trennungslösung gewählt wurde – mindestens vier Verfügungen, die auf ihre Wechselbezüglichkeit hin zu untersuchen sind: Jeder Ehegatte setzt den jeweils anderen als Erben ein (bei der Einheitslösung als Vollerben, bei der Trennungslösung als Vorerben), und jeder Ehegatte setzt für den Fall, dass er den anderen überlebt, das gemeinsame Kind als Erben ein (bei der Einheitslösung als sog. Schlusserben, bei der Trennungslösung als Nacherben).[6]

Vorliegend greift § 2270 Abs. 2 BGB hinsichtlich beider Alternativen ein, denn F und M haben sich gegenseitig zu Erben eingesetzt (§ 2270 Abs. 2 Alt. 1 BGB) und zudem jeweils für den Fall ihres Überlebens die ihnen nahestehenden N1 und N2 bedacht (§ 2270 Abs. 2 Alt. 2 BGB).

Gemäß § 2270 Abs. 2 BGB sind somit folgende Verfügungen des gemeinschaftlichen Testaments zueinander wechselbezüglich:

1) die Erbeinsetzung des M durch F zur Erbeinsetzung der F durch M
2) die Erbeinsetzung des M durch F zur Nacherbeinsetzung von N1 und N2 durch M
3) die Erbeinsetzung der F durch M zur Nacherbeinsetzung von N1 und N2 durch F.

b) Eintritt der Bindungswirkung

Mit dem Tod der F am 30.1.1997 ist die Einsetzung von N1 und N2 bindend geworden (§ 2271 Abs. 2 S. 1 BGB).

c) Zwischenergebnis

Da N1 und N2 durch bindend gewordene wechselbezügliche Verfügung als Nacherben eingesetzt wurden, ist § 2287 Abs. 1 BGB analog anwendbar.

> Eine Bindung an die gegenseitige Erbeinsetzung von F und M kann dagegen nicht eintreten, denn nach dem Tod der F kann diese nicht mehr Erbin des M werden. Die Wechselbezüglichkeit beschränkt sich in diesem Fall auf die Wirkungen der §§ 2270 Abs. 1 und 2271 Abs. 1 BGB (Bedingungszusammenhang und erschwerte Widerruflichkeit zu Lebzeiten der Ehegatten).[7]

---

[6] Vgl. hierzu bereits die Anmerkungen zu Fall 10, C. II. 2.
[7] Zu den Voraussetzungen und Folgen der Wechselbezüglichkeit siehe bereits die Anmerkungen zu Fall 10, C. II. 4.

3. Anfechtbarkeit der Einsetzung von N1 und N2 als Nacherben

Allerdings könnte etwas anderes gelten, falls M – wie T behauptet – die Einsetzung von N1 und N2 anfechten konnte, weil er durch die Drohung der F, sich das Leben zu nehmen, zur Unterzeichnung des gemeinschaftlichen Testaments bestimmt worden war (§ 2281 BGB analog i. V. mit § 2078 Abs. 2 BGB).

a) Auswirkung der Anfechtbarkeit auf die Anwendbarkeit des § 2287 BGB

Die Rechtsfolge des § 2287 BGB sollte nach dem Sinn und Zweck der Vorschrift nur dann eintreten, wenn der Nacherbe aufgrund der Bindung des Erblassers berechtigterweise darauf vertrauen darf, in den Genuss der Erbschaft zu kommen. Nur dann ist er schutzwürdig gegenüber böswilligen, den Nachlass schmälernden Schenkungen des Erblassers. § 2287 BGB ist daher entweder schon gar nicht anwendbar oder ist tatbestandlich ausgeschlossen, wenn für den Erblasser die Möglichkeit besteht, sich durch Anfechtung von der Verfügung zu lösen und wenn die Schenkung innerhalb der Anfechtungsfrist vorgenommen wurde.[8] Ob die Anfechtung tatsächlich erklärt wurde, ist dabei unerheblich, denn entscheidend ist allein, dass der Erblasser noch nicht endgültig an die Verfügung gebunden ist.[9]

b) Anwendbarkeit der Anfechtungsregeln auf gemeinschaftliche Testamente

Nach allgemeiner Meinung gelten die erbvertraglichen Anfechtungsregeln analog für das gemeinschaftliche Testament, denn sonst würde dieses den Erblasser stärker binden als der Erbvertrag.[10]

c) Anfechtbarkeit des gemeinschaftlichen Testaments

Ein Anfechtungsrecht des M könnte daraus folgen, dass F ihn widerrechtlich durch Drohung zur Errichtung des gemeinschaftlichen Testaments bestimmt hat (§ 2281 Abs. 1 BGB analog i. V. mit § 2078 Abs. 2 BGB). Die Ankündigung des Selbstmords für den Fall, dass M die Unterzeichnung des gemeinschaftlichen Testaments verweigert, ist das Inaussichtstellen eines künftigen Übels, auf dessen Eintritt die F

---

[8] Dies ist für die unmittelbare Anwendung des § 2287 BGB im Rahmen des Erbvertrags anerkannt und muss ebenso für die analoge Anwendung der Vorschrift auf gemeinschaftliche Testamente gelten. Unterschiedlich werden die Rechtsfolgen einer Anfechtbarkeit beurteilt: Entweder ist schon die Anwendbarkeit des § 2287 BGB zu verneinen, oder – so wohl der BGH – dessen Tatbestandsvoraussetzungen liegen nicht vor, weil es an der Missbräuchlichkeit der Schenkung fehlt, vgl. nur Palandt/*Edenhofer*, 68. Aufl. 2009, § 2287 Rn. 6.
[9] Palandt/*Edenhofer*, 68. Aufl. 2009, § 2287 Rn. 6.
[10] Siehe nur *Brox/Walker*, Erbrecht, 23. Aufl. 2009, Rn. 251 m. w. N.

vorgibt, Einfluss zu haben und daher eine Drohung i. S. des § 2078 Abs. 2 BGB.[11] Ob diese Drohung – aufgrund des eingesetzten Mittels, des verfolgten Zwecks oder der Mittel-Zweck-Relation – auch rechtswidrig ist, ist fraglich, kann möglicherweise aber dahinstehen, weil streitig ist, ob eine Drohung der F überhaupt stattgefunden hat. Zu wessen Lasten die Unaufklärbarkeit des Sachverhalts (sog. non-liquet) geht, hängt davon ab, wer für das Vorliegen der Drohung die Beweislast trägt. Nach allgemeinen Beweislastgrundsätzen muss derjenige, der sich auf eine für ihn günstige Tatsache beruft, diese auch beweisen.[12] Danach ist T, die von einer Anfechtung profitieren würde und sich darauf beruft, beweisbelastet für die Voraussetzungen der Anfechtung, so dass das non-liquet zu ihren Lasten geht und davon auszugehen ist, dass dem M kein Anfechtungsrecht zustand.

> Beachte zur Beweislast: Während bei einer Anfechtung nach § 2078 BGB derjenige, der sich auf die Anfechtung beruft, sowohl den Anfechtungsgrund als auch die Kausalität zwischen Irrtum/Drohung und Verfügung beweisen muss, wird im Falle des § 2079 BGB das Vorliegen der Kausalität vermutet.[13] Dem übergangenen Pflichtteilsberechtigten soll der – meist nur schwer zu führende – Beweis erspart werden, dass der Erblasser ihn bedacht hätte, hätte er von seiner Existenz Kenntnis gehabt.

d) Zwischenergebnis

Mangels Anfechtbarkeit war M an die im gemeinschaftlichen Testament getroffene Verfügung gebunden. § 2287 Abs. 1 BGB ist daher analog anwendbar.

II. Voraussetzungen des § 2287 Abs. 1 BGB analog

Ein Herausgabeanspruch aus § 2287 Abs. 1 i. V. mit §§ 812 ff. BGB setzt eine objektiv beeinträchtigende Schenkung des M in Beeinträchtigungsabsicht voraus.

1. Objektiv beeinträchtigende Schenkung

M hat T ein Grundstück im Wert von 500.000 € unentgeltlich zugewandt und hierdurch objektiv die Substanz seines Vermögens und den Wert des Nachlasses geschmälert.

---

[11] Vgl. Palandt/*Edenhofer*, 68. Aufl. 2009, § 2078 Rn. 8.
[12] *Musielak*, Grundkurs ZPO, 9. Aufl. 2007, Rn. 476.
[13] Vgl. Palandt/*Edenhofer*, 68. Aufl. 2009, § 2079 Rn. 5.

B. Lösung

> § 2113 BGB spielt hier keine Rolle, denn das Grundstück entstammte dem eigenen, nicht von F geerbten Vermögen des M. Anders wäre es, wenn das Grundstück zur Erbmasse der F gehörte. Dann wäre zu klären, ob F und M sich für die Einheits- oder die Trennungslösung entschieden haben. § 2113 BGB fände nur bei der Trennungslösung Anwendung.[14]

2. Beeinträchtigungsabsicht

Beeinträchtigungsabsicht liegt nach Ansicht der Rspr. bereits dann vor, wenn für die Schenkung kein beachtenswertes lebzeitiges Eigeninteresse des Erblassers bestand. Die Absicht, dem Erben zu schaden, muss nicht der treibende Beweggrund für die Schenkung sein.[15]

> Beachte: Früher stellte der BGH an das Vorliegen der Beeinträchtigungsabsicht sehr hohe Anforderungen. Er verlangte, dass der Wille zur Beeinträchtigung das *leitende Motiv* des Erblassers darstellte und die Absicht, den Vertragserben zu benachteiligen, gegenüber der Absicht, den Beschenkten zu begünstigen, überwog. Da unter dieser Prämisse § 2287 Abs. 1 BGB kaum je einschlägig und darüber hinaus nur äußerst schwer zu beweisen war, hat der BGH als Korrektiv die *Lehre von der Aushöhlungsnichtigkeit* entwickelt. Diese verstand die Bindungswirkung des Erbvertrags als gesetzliches Verbot, die erbvertragliche Bindung durch lebzeitige Rechtsgeschäfte zu umgehen. Rechtsgeschäfte, die die Bindung unterliefen, sollten wegen Verstoßes gegen § 134 BGB nichtig sein. Diese Rspr. hat der BGH jedoch ausdrücklich aufgegeben[16] und mit dem Kriterium des *„lebzeitigen Eigeninteresses"* neue Maßstäbe gesetzt.

Ob ein lebzeitiges Eigeninteresse des Erblassers vorliegt, ist durch Abwägung der beteiligten Interessen anhand objektiver Kriterien zu ermitteln. Die Rspr. stellt darauf ab, ob nach dem Urteil eines objektiven Beobachters die Beweggründe des Erblassers auch unter Berücksichtigung der erbvertraglichen Bindung billigenswert und gerechtfertigt erscheinen und der Bedachte die Benachteiligung deshalb hinnehmen muss.[17] Anerkannt ist etwa das Interesse des Erblassers, mit der Schenkung eine sittliche Pflicht zu erfüllen oder die eigene Altersvorsorge oder Pflege sichern

---

[14] Dass F und M dabei N1 und N2 als „Nacherben" bezeichnet haben, ist nicht entscheidend. Maßgebend ist vielmehr, ob nach dem Willen von F und M der überlebende Ehegatte über das ererbte Vermögen frei oder nur innerhalb der Grenzen der Vorerbschaft verfügen können sollte. Vgl. zur Abgrenzung von Einheits- und Trennungslösung die Anmerkungen zu Fall 10, C. II. 2.
[15] Vgl. Palandt/*Edenhofer*, 68. Aufl. 2009, § 2287 Rn. 6 sowie *Schindler*, ZEV 2005, 334.
[16] BGHZ 59, 343 = NJW 1973, 240.
[17] BGHZ 83, 44 = NJW 1982, 1100; vgl. Palandt/*Edenhofer*, 68. Aufl. 2009, § 2287 Rn. 7.

zu wollen. Nicht ausreichend ist dagegen der Wunsch des Erblassers, durch die Schenkung eine – in seinen Augen ungerechte – letztwillige Verfügung zu korrigieren.[18] Hier war Motiv für die Schenkung des M entweder das Zerwürfnis mit N1 und N2 oder der Wunsch, die im gemeinschaftlichen Testament benachteiligte T zu entschädigen. Beides begründet kein beachtenswertes Eigeninteresse des M. M handelte somit mit Benachteiligungsabsicht i. S. des § 2287 Abs. 1 BGB.

3. Zwischenergebnis

Die Voraussetzungen des § 2287 Abs. 1 BGB analog liegen vor. T müsste danach das Geschenk gemäß § 812 Abs. 1 S. 1 BGB an N1 und N2 herausgeben.

III. Besonderheit: Beschenkter ist Pflichtteilsberechtigter

Dem Herausgabeanspruch von N1 und N2 könnte jedoch entgegenstehen, dass T als Abkömmling des M pflichtteilsberechtigt ist (§ 2303 Abs. 1 BGB) und Pflichtteils- und Pflichtteilsergänzungsansprüche geltend macht.

1. Auswirkungen des Pflichtteilsrechts auf § 2287 BGB

§ 2287 BGB schützt den Erben nur vor solchen Schenkungen, die seine berechtigte Erberwartung schmälern. Der Erbe muss jedoch von Anfang an damit rechnen, dass Pflichtteilsansprüche aus dem Nachlass ausgeglichen werden müssen. Soweit eine Zuwendung des Erblassers geeignet ist, Pflichtteilsansprüche zu erfüllen, wird kein schutzwürdiges Vertrauen beeinträchtigt. Übersteigt der Wert des Pflichtteils den Wert der Zuwendung, entfällt der Herausgabeanspruch aus § 2287 BGB. Andernfalls richtet sich der Anspruch nur auf Herausgabe dessen, was nach Begleichung des Pflichtteils übrig bleibt.[19]

2. Bestehen eines Pflichtteilsanspruchs der T

T ist das einzige Kind des M und durch dessen Verfügung zugunsten N1 und N2 enterbt. Gemäß § 2303 Abs. 1 S. 1, S. 2 BGB steht ihr folglich die Hälfte ihres Erbteils (= der gesamte Nachlass i. H. v. 300.000 €, vgl. § 2311 BGB), mithin 150.000 € als Pflichtteilsanspruch zu. T muss sich den Wert des geschenkten Grundstücks – nach dem eindeutig geäußerten Willen des M – nicht gemäß § 2315 BGB auf den Pflichtteil anrechnen lassen.

---

[18] BGH NJW-RR 2005, 1462 = ZEV 2005, 479; *Leipold*, Erbrecht, 17. Aufl. 2009, Rn. 525.
[19] BGHZ 88, 269 = NJW 1984, 121; Palandt/*Edenhofer*, 68. Aufl. 2009, § 2287 Rn. 13.

> Der Herausgabeanspruch aus § 2287 BGB ist ein persönlicher Anspruch des Erben und steht nicht dem Nachlass zu.[20] Der Wert des Geschenks – hier des Grundstücks im Wert von 500.000 € – bleibt daher bei der Pflichtteilsberechnung unberücksichtigt und wird dem Nachlasswert (§ 2311 BGB) nicht hinzugerechnet.

3. Bestehen eines Pflichtteilsergänzungsanspruchs der T

T könnte daneben ein Pflichtteilsergänzungsanspruch gemäß § 2325 Abs. 1 BGB zustehen, weil M den Nachlass, und damit den Pflichtteilsanspruch der T, durch Schenkung geschmälert hat.

Wie sich aus § 2327 BGB ergibt, steht dem Anspruch nicht entgegen, dass T selbst die Beschenkte ist.

Zur Berechnung des Ergänzungsanspruchs ist der Wert der Schenkung dem Nachlass hinzuzurechnen und auf dieser Grundlage ein fiktiver Gesamtpflichtteilsanspruch zu bilden (§§ 2325 Abs. 1, 2327 Abs. 1 BGB). Bei Hinzurechnung des Werts des Grundstücks beträgt der Nachlasswert 800.000 € (300.000 € + 500.000 €), der Pflichtteil der T somit 400.000 €. Abzüglich des bereits bestehenden Pflichtteilsanspruchs i. H. v. 150.000 € könnte T noch 250.000 € als Pflichtteilsergänzungsanspruch verlangen.

4. Anrechnung des Geschenks auf Pflichtteils- und Pflichtteilsergänzungsanspruch

Da T selbst die Beschenkte ist, müsste sie sich den Wert des Geschenks auf den Wert des Pflichtteilsergänzungsanspruchs anrechnen lassen (§ 2327 Abs. 1 S. 1 BGB). Dies würde hier dazu führen, dass der Pflichtteilsergänzungsanspruch der T gänzlich entfiele (250.000 € – 500.000 €). Dagegen müsste sich T den Wert des Geschenkes nicht auch auf ihren Pflichtteilsanspruch anrechnen lassen, denn nach dem Willen des M sollte eine Anrechnung des Geschenks auf den Pflichtteil gemäß § 2315 BGB nicht stattfinden (§ 2327 Abs. 1 S. 2 BGB).

> Beachte:
> 1. § 2327 Abs. 1 S. 1 BGB regelt die Anrechnung auf den Pflichtteils*ergänzungs*anspruch. Diese erfolgt aufgrund gesetzlicher Anordnung unabhängig vom Anrechnungswillen des Erblassers und ohne zeitliche Beschränkung. Dagegen erfasst § 2315 BGB die Anrechnung auf den (normalen) *Pflichtteil*.
> 2. Grundsätzlich wird gemäß § 2327 Abs. 1 S. 1 BGB die Schenkung, auch wenn sie den Pflichtteilsergänzungsanspruch übersteigt, nur auf den

---

[20] Palandt/*Edenhofer*, 68. Aufl. 2009, § 2287 Rn. 11.

> Pflichtteils*ergänzungs*anspruch angerechnet, schmälert aber nicht den Pflichtteil, es sei denn der Erblasser hat zugleich die Anrechnung nach § 2315 BGB angeordnet (§ 2327 Abs. 1 S. 2 BGB).

5. Korrektur des Ergebnisses

Nach alledem müsste T sich den Wert des geschenkten Grundstücks auf ihren Pflichtteilsergänzungsanspruch voll anrechnen lassen und könnte somit nur ihren Pflichtteil i. H. v. 150.000 € verlangen. Gleichzeitig müsste sie aber das Grundstück nach § 2287 Abs. 1 BGB an N1 und N2 herausgeben. Sie würde somit aufgrund der Schenkung doppelt benachteiligt und insgesamt schlechter stehen als ohne sie. Denn ohne die Schenkung würde der Nachlasswert 800.000 € betragen und T einen Pflichtteil i. H. v. 400.000 € erhalten. Daher erscheint eine Anrechnung des Geschenks auf den Pflichtteilsergänzungsanspruch ungerecht, wenn der Beschenkte das Geschenk nach § 2287 Abs. 1 BGB herausgeben muss.[21]

T hat nach alledem einen Anspruch i. H. v. 400.000 € (Pflichtteilsanspruch i. H. v. 150.000 € sowie Pflichtteilsergänzungsanspruch i. H. v. 250.000 €).

6. Verhältnis des Herausgabeanspruchs aus § 2287 Abs. 1 BGB analog zum Pflichtteils- und Pflichtteilsergänzungsanspruch

Dem Anspruch der T i. H. v. 400.000 € steht der Anspruch von N1 und N2 auf Herausgabe des Grundstücks aus § 2287 BGB analog entgegen. In Betracht kommen zwei Wege: Entweder muss T das Grundstück herausgeben, Zug um Zug gegen Zahlung ihres Pflichtteils (§ 273 BGB analog). Oder T darf das Grundstück behalten, Zug um Zug gegen Zahlung des Betrags um den der Wert des Grundstücks den Pflichtteil übersteigt. Welcher Ansatz im Einzelfall vorzugswürdig und gerecht erscheint, ist eine Wertungsfrage. Nach Ansicht des BGH ist entscheidend, ob der Pflichtteilsberechtigte den Wert des Geschenks überwiegend zurückgeben muss oder behalten darf.[22] Hier steht der Wert des Geschenks übermäßig der T zu, denn sie dürfte 4/5 des Wertes behalten (400.000 € von 500.000 €). T darf daher das Grundstück behalten, ist im Gegenzug aber verpflichtet, den Differenzbetrag i. H. v. 100.000 € an N1 und N2 auszubezahlen.

IV. Ergebnis

N1 und N2 haben keinen Anspruch auf Herausgabe des Grundstücks, sondern nur einen Anspruch auf Zahlung von 100.000 €.

---

[21] Vgl. MünchKommBGB/*Lange*, 4. Aufl. 2004, § 2327 Rn. 3.
[22] Vgl. zuletzt BGH ZEV 2006, 505 = FamRZ 2006, 1186.

C. Anmerkungen

I. Rechtsprechung

Dem Fall liegt folgende BGH-Entscheidung zugrunde:

BGH, Beschluss vom 3.5.2006 – IV ZR 72/05, ZEV 2006, 505 = FamRZ 2006, 1186 (Keine beeinträchtigende Schenkung bei Anfechtungsrecht des Erblassers)

II. Weiterführende Anmerkungen zu § 2287 Abs. 1 BGB

1. Anwendbarkeit des § 2287 BGB auf gemischte Schenkungen

Eine gemischte Schenkung liegt vor, wenn für die Leistung zwar eine Gegenleistung vereinbart wurde,[23] diese aber objektiv hinter dem Wert der Leistung zurückbleibt, und die Parteien dies wissen und übereinstimmend wollen. Soweit die Zuwendung unentgeltlich erfolgte, ist § 2287 BGB anwendbar. Bezüglich des entgeltlichen Teils ist der Erwerber dagegen schutzwürdig. In Fällen, in denen eine Realteilung des Zuwendungsgegenstandes nicht in Betracht kommt, kann dieser Interessenkonflikt nicht in jeder Hinsicht gerecht gelöst werden. Nach Ansicht des BGH[24] und der hL ist für die Anwendung des § 2287 BGB in diesem Fall entscheidend, ob der unentgeltliche Teil den entgeltlichen überwiegt. Danach gilt:

→ Bei Überwiegen des unentgeltlichen Teils ist § 2287 BGB anwendbar, und der Erbe kann Herausgabe des Zuwendungsgegenstands verlangen.
→ Überwiegt dagegen der entgeltliche Teil, ist der Erwerber schutzwürdig. Der Erbe kann dann nicht Herausgabe nach § 2287 BGB, sondern nur Wertersatz in Höhe des unentgeltlichen Teils der Zuwendung verlangen.[25]

2. Anwendbarkeit des § 2287 BGB auf sog. „unbenannte Zuwendungen" unter Ehegatten

Zuwendungen unter Ehegatten im Rahmen des ehelichen Zusammenlebens, sog. unbenannte (auch ehebedingte oder ehebezogene) Zuwendungen, stellen grundsätzlich keine Schenkung dar. Sie dienen der Verwirklichung und Ausgestaltung

---

[23] Entscheidend ist die Einigkeit der Parteien über die Notwendigkeit einer Gegenleistung. Ob diese tatsächlich erbracht wurde oder nicht, und ob das Gegenleistungsversprechen wirksam ist, ist unerheblich. Ebenso wenig können die Parteien die Leistung als entgeltliche deklarieren, wenn es tatsächlich an einem Gegenleistungsversprechen fehlt. Auch solche sog. verschleierte Schenkungen werden von § 2287 BGB erfasst, vgl. Palandt/*Edenhofer*, 68. Aufl. 2009, § 2287 Rn. 5.
[24] BGH NJW 1953, 501.
[25] Vgl. *Leipold*, Erbrecht, 17. Aufl. 2009, Rn. 522, Fn. 39; Palandt/*Edenhofer*, 68. Aufl. 2009, § 2287 Rn. 12.

der ehelichen Lebensgemeinschaft und basieren auf der Erwartung, die eheliche Lebensgemeinschaft werde Bestand haben. Es fehlt an der Einigkeit der Ehegatten über die Unentgeltlichkeit der Zuwendung i. S. von § 516 BGB. Scheitert die Ehe, unterliegt die Rückabwicklung grundsätzlich allein den Regeln des Güterstandes.[26]

Im Erbrecht dagegen soll die unbenannte Zuwendung unter den Schenkungsbegriff der §§ 2113 Abs. 2, 2287, 2288 Abs. 2 S. 2 und 2325 BGB fallen. Hier verzichtet der BGH auf das sonst für eine Schenkung erforderliche subjektive Merkmal der Einigkeit über die Unentgeltlichkeit und lässt die bloß *objektive* Unentgeltlichkeit genügen. Diese liegt – unabhängig von der Vorstellung der Ehegatten – bereits dann vor, wenn der Erhalt der Zuwendung rechtlich nicht von einer den Erwerb ausgleichenden Gegenleistung abhängig ist. Damit will der BGH sicherstellen, dass der in den genannten Vorschriften verbürgte Drittschutz nicht leer läuft.[27]

---

[26] Vgl. zur Rückgewähr von Zuwendungen durch Verlobte, Ehegatten und Lebenspartner *Röthel*, Jura 2006, 641 sowie die Anmerkungen zu Fall 3.
[27] BGHZ 116, 167 = NJW 1992, 564.

Fall 12: Einer für alle oder alle für einen?

A. Sachverhalt

Ausgangsfall:
A, B, C, D und E sind Mitglieder einer Erbengemeinschaft nach ihrem Vater P. Sie schließen mit M einen auf drei Jahre befristeten Mietvertrag über Gewerberäume. Der Vertrag wird ausdrücklich auf den Namen „Erbengemeinschaft P" geschlossen und auch so unterzeichnet. Weil M seine Miete nicht zahlt, möchten A, B, C, D und E ihn verklagen.
  Kann die Erbengemeinschaft Klage erheben, und wer ist hinsichtlich des Anspruchs aktivlegitimiert?

Fortsetzung 1:
Nach Ablauf der Mietzeit fordert A den M zur Räumung und zur Herausgabe der Mietsache an die Erbengemeinschaft auf.
  Ist M hierzu verpflichtet?
  Könnte A den Anspruch auf dem Klagewege geltend machen?

Fortsetzung 2:
Zum Nachlass des P gehört auch ein Grundstück. Noch vor Auseinandersetzung der Erbengemeinschaft A, B, C, D und E stirbt A. A hat durch wirksame letztwillige Verfügung V zu seinem Vorerben und N zu seinem Nacherben eingesetzt. Im Grundbuch wird V als Vorerbe und zugunsten des N ein Nacherbenvermerk eingetragen.
  B, C, D und E verlangen Löschung des Nacherbenvermerks. Sie sind der Ansicht, es dürfe nicht sein, dass sie aufgrund der Anordnung der Nacherbfolge durch A nun nicht mehr frei über das Grundstück verfügen könnten. Dies entspräche nicht dem Willen des P.
  N dagegen ist der Ansicht B, C, D und E hätten kein Recht, sich zu beschweren. Das Grundbuchamt habe sich nur an die Vorgaben des Gesetzes gehalten. B, C, D und E erwüchse hieraus auch kein Nachteil, denn als Miterben könnten sie ohnehin nicht ungebunden über den Nachlass verfügen. Außerdem sei ihnen vorzuwerfen, dass die Auseinandersetzung der Erbengemeinschaft nicht zeitnah nach dem Tod

des P betrieben wurde. Letztlich sei die Situation nicht anders, als hätte A seinen Anteil verpfändet. Dann könnten B, C, D und E sich auch nicht gegen die Eintragung wehren.

B, C, D und E verlangen die Löschung des Nacherbenvermerks. Zu Recht?

B. Lösung

Ausgangsfall

I. Kann die Erbengemeinschaft Klage erheben?

Die Erbengemeinschaft kann Klage erheben, wenn sie parteifähig ist.
Gemäß § 50 Abs. 1 ZPO ist parteifähig, wer rechtsfähig ist. Entscheidend ist somit, ob die Erbengemeinschaft Träger von Rechten und Pflichten sein kann und als eigenständiges Rechtssubjekt am Rechtsverkehr teilnehmen kann.

Die Erbengemeinschaft ist eine Gesamthandsgemeinschaft (§§ 2033, 2040 BGB). Sie zeichnet sich dadurch aus, dass ihr mit dem Nachlass ein Sondervermögen zugeordnet ist, über das die Mitglieder der Erbengemeinschaft nur gemeinschaftlich in gesamthänderischer Verbundenheit verfügen können.

> Der Erbe kann nur über seinen *Anteil* am gesamten Nachlass verfügen, nicht dagegen über einzelne Nachlassgegenstände oder über Anteile an Nachlassgegenständen (§ 2033 Abs. 2 BGB). Über einzelne Nachlassgegenstände können die Miterben nur gemeinschaftlich verfügen (§ 2040 BGB). Diese Beschränkungen dienen der Erhaltung des Nachlasses im Gläubigerinteresse bis zur Auflösung der Erbengemeinschaft durch Auseinandersetzung (§ 2042 Abs. 1 BGB).[1] Neben der Erbengemeinschaft kennt das BGB zwei weitere Formen der Gesamthand: Die Außen-GbR und die eheliche Gütergemeinschaft.

Ob eine Gesamthandsgesellschaft rechtsfähig ist und ein eigenständiges, von ihren Mitgliedern zu unterscheidendes Rechtssubjekt darstellt, war lange Zeit umstritten. Der Außen-GbR hat der BGH nunmehr Rechts- und Parteifähigkeit zuerkannt.[2] Fraglich ist, ob dieses Ergebnis auf die Erbengemeinschaft übertragen werden kann.

Dafür spricht, dass sowohl die GbR als auch die Erbengemeinschaft Trägerinnen gesamthänderisch gebundenen Sondervermögens sind. Dagegen spricht, dass sich die Erbengemeinschaft hinsichtlich Rechtsstellung, Organisation und Zwecksetzung ganz wesentlich von der GbR unterscheidet. Während die GbR rechtsgeschäftlich begründet wird und als werbende Gesellschaft dauerhaft am Rechtsverkehr teilnehmen soll, ist die Erbengemeinschaft nach Auffassung des BGH eine gesetzlich begründete Liquidationsgesellschaft, die von Anfang an auf Auseinandersetzung gerichtet ist. Dementsprechend verfügt die Erbengemeinschaft auch nicht über

---

[1] Vgl. hierzu noch die Anmerkungen zum Fall, unten C. II.
[2] BGHZ 146, 341 = NJW 2001, 1056.

Organe, die ihr Handlungsfähigkeit nach außen vermitteln könnten. Die Erbengemeinschaft ist – anders als die GbR – ihrem Wesen und ihrer rechtlichen Struktur nach weder dafür bestimmt noch dazu geeignet, als eigenständiges Rechtssubjekt am Rechtsverkehr teilzunehmen.[3]

> In der Praxis erweist sich allerdings, dass Erbengemeinschaften durchaus von Dauer sein können. Langfristig erscheint durchaus denkbar, die Erbengemeinschaft rechtlich stärker zu verselbstständigen.

Die Rechtsfähigkeit der Erbengemeinschaft kann auch nicht aus einem Vergleich zur Wohnungseigentümergemeinschaft (WEG) hergeleitet werden. Diese ist nach Ansicht des BGH teilrechtsfähig, soweit sie bei der Verwaltung des gemeinschaftlichen Eigentums am Rechtsverkehr teilnimmt.[4] Den Unterschied sieht der BGH abermals in dem Umstand, dass die Erbengemeinschaft auf Liquidation angelegt sei und nicht über Organe verfüge.[5]

Mangels Rechtsfähigkeit ist die „Erbengemeinschaft P" somit nicht gemäß § 50 Abs. 1 ZPO parteifähig.

II. Wer ist hinsichtlich des Anspruchs aktivlegitimiert?

Anspruchsberechtigt ist gemäß § 535 Abs. 2 BGB der Vermieter. Entscheidend ist daher, wer auf Vermieterseite Partei des Mietvertrags geworden ist. Dies könnten entweder A, B, C, D und E in ihrer Eigenschaft als Miterben sein, oder aber die „Erbengemeinschaft P".

Der Mietvertrag wurde ausdrücklich auf den Namen der „Erbengemeinschaft P" geschlossen, so dass es nahe liegt, die Erbengemeinschaft als Vermieterin anzusehen. Allerdings ist – wie oben dargelegt – die Erbengemeinschaft nicht rechtsfähig und kann daher überhaupt nicht Träger der Rechte und Pflichten aus dem Mietvertrag sein. Als Vermieter und Anspruchsinhaber kommen folglich nur die einzelnen Miterben in ihrer gesamthänderischen Verbundenheit (§§ 2032 Abs. 2, 2038 ff. BGB) in Betracht.

Zu prüfen bleibt, ob auch der Mietvertrag in diesem Sinne ausgelegt werden kann. Im Zeitpunkt des Vertragsschlusses waren sich die Parteien darüber einig, dass der Vertrag zwischen M und den Mitgliedern der Erbengemeinschaft geschlossen werden sollte. Dass dabei die Bezeichnung als „Erbengemeinschaft P" verwendet wurde, steht dem nicht entgegen, denn sie diente lediglich als Kurzbezeichnung für die Gesamtheit der Erben, ohne dass die Parteien sich Gedanken über eine etwaige eigene Rechtsfähigkeit der Erbengemeinschaft gemacht haben. Indem der Mietver-

---
[3] BGH NJW 2002, 3389.
[4] BGHZ 163, 154 = NJW 2005, 2062.
[5] BGH NJW 2006, 3715.

trag in Vollzug gesetzt wurde, bezeugten alle Parteien ihr Interesse am Zustandekommen eines *wirksamen* Vertrages. Da ein solcher mit der Erbengemeinschaft nicht möglich war, entspricht es dem übereinstimmenden Parteiwillen, dass A, B, C, D und E als Miterben Vertragspartei wurden.

Somit sind A, B, C, D und E als Miterben hinsichtlich des Anspruchs auf Mietzahlung gemäß §§ 535 Abs. 2, 2032 Abs. 1 BGB aktivlegitimiert.

Fortsetzung 1

I. Anspruch gegen M auf Räumung und Herausgabe der Mietsache

Fraglich ist, ob M zur Räumung und Herausgabe der Mietsache verpflichtet ist. Der Anspruch könnte sich aus § 546 Abs. 1 BGB ergeben.

Danach ist der Mieter zur Rückgabe der Mietsache verpflichtet, wenn das Mietverhältnis beendet wurde. Wann das Mietverhältnis endet, richtet sich gemäß § 542 Abs. 1, Abs. 2 BGB vorrangig nach den zwischen den Parteien getroffenen Vereinbarungen.

1. Beendigung aufgrund Befristung

Das Mietverhältnis wäre beendet, wenn die vereinbarte Befristung auf drei Jahre wirksam wäre.

a) Zulässigkeit der Befristung

Es handelt sich um ein Gewerberaummietverhältnis. Für dieses gelten die Einschränkungen des § 575 BGB – mangels Verweisung in § 578 Abs. 2 BGB – nicht, so dass die Vereinbarung einer Befristung zulässig ist.

> Dagegen ist bei Wohnraummietverhältnissen aus Gründen des Mieterschutzes (Stichwort: „Soziales Mietrecht") eine Befristung gemäß § 575 Abs. 1 BGB nur ausnahmsweise zulässig, wenn einer der genannten Befristungsgründe vorliegt.

b) Unwirksamkeit der Befristung wegen Formverstoßes (§ 550 S. 1 BGB)

Die Befristung könnte jedoch gemäß § 550 S. 1 BGB unwirksam sein. Die Vorschrift ist über § 578 Abs. 2 i. V. mit Abs. 1 BGB auch auf Gewerberaummietverhältnisse anwendbar und fordert bei Mietverträgen mit einer längeren Laufzeit als einem Jahr die Einhaltung der Schriftform. Andernfalls liefe das Mietverhältnis gemäß § 550 S. 2 BGB auf unbestimmte Zeit, die Befristung wäre unwirksam.

Fraglich ist, ob die Voraussetzungen der Schriftform hier gewahrt wurden.

Ein Mietvertrag genügt nur dann der Schriftform (§ 126 Abs. 1 BGB), wenn sich alle wesentlichen Vertragsbedingungen, insbesondere der Mietgegenstand, die geschuldete Miete, die Dauer und die Parteien des Mietverhältnisses aus der Vertragsurkunde ergeben.[6] Nur wenn die essentialia negotii in der Vertragsurkunde genau und eindeutig bezeichnet werden, kann die mit der Schriftform bezweckte Beweisfunktion erreicht werden.

> Das Schriftformerfordernis des § 550 BGB dient nicht dem Schutz der Parteien vor Übereilung oder der Rechtssicherheit. Die Vorschrift bezweckt vorrangig den Schutz eines potentiellen Erwerbers der Mietsache. Da dieser in die Rechte und Pflichten des Vertrags eintritt (§ 566 BGB), soll er bei länger dauernden Mietverträgen die Möglichkeit haben, sich über den Inhalt der Vertragsvereinbarungen und die Vertragsparteien zuverlässig zu informieren. Dies gilt um so mehr, wenn auf einer Seite eine Personenmehrheit beteiligt ist.[7]

Hier weist der Mietvertrag die „Erbengemeinschaft P" als Vermieter aus. Tatsächlich sind – mangels Rechtsfähigkeit der Erbengemeinschaft – jedoch die Miterben A, B, C, D und E Vermieter des M. Hierauf lässt die Vertragsurkunde keine Rückschlüsse zu. Weder wird erkennbar, dass mit der Bezeichnung „Erbengemeinschaft P" eigentlich die Miterben gemeint sind, noch könnte ein unbeteiligter Dritter die Identität des Vermieters ermitteln.

Darüber hinaus fordert § 126 Abs. 1, Abs. 2 BGB die eigenhändige Unterschrift sämtlicher Vertragsparteien. Da auf Seiten des Vermieters somit die Unterschrift aller Miterben erforderlich gewesen wäre, fehlt es auch aus diesem Grund an der Einhaltung der Schriftform.

2. Ergebnis

Der Mietvertrag erfüllt nicht die gemäß §§ 587 Abs. 2, Abs. 1, 550 S. 1 BGB erforderliche Schriftform. Gemäß § 550 S. 2 BGB gilt er als für unbestimmte Zeit abgeschlossen und endet erst durch Kündigung (§§ 550 S. 2, 542 Abs. 1, 580a BGB). Ein Anspruch auf Räumung besteht daher nicht.

---

[6] Palandt/*Weidenkaff*, 68. Aufl. 2009, § 550 Rn. 10.
[7] Palandt/*Weidenkaff*, 68. Aufl. 2009, § 550 Rn. 1; Blank/Börstinghaus/*Blank*, 2. Aufl. 2004, § 550 Rn. 2.

II. Klageweise Geltendmachung durch A

Fraglich ist, ob A – unterstellt es bestünde ein Anspruch gegen M aus § 546 BGB – diesen auf dem Klagewege geltend machen könnte.

Dazu müsste A prozessführungsbefugt sein. Dies wäre unproblematisch der Fall, wenn A einen eigenen Anspruch im eigenen Namen geltend machen würde. Der von A geltend gemachte Räumungsanspruch steht aber nicht dem A, sondern den Miterben A, B, C, D und E in gesamthänderischer Verbundenheit zu. A könnte den Anspruch daher nur einklagen, wenn er im Wege der Prozessstandschaft dazu ermächtigt wäre.

Die Ermächtigung und Prozessstandschaft des A folgt aus § 2039 S. 1 BGB (Fall der *gesetzlichen Prozessstandschaft*). Danach kann A den allen Miterben gemeinschaftlich zustehenden Anspruch allein gerichtlich geltend machen, darf dabei allerdings nicht Leistung an sich, sondern nur Leistung an alle Miterben fordern.

Somit könnte A den Anspruch gegen M klageweise geltend machen. Der Klageantrag wäre auf Räumung und Herausgabe der Mietsache an alle Miterben gemeinsam zu richten.

Fortsetzung 2

I. Können B, C, D und E Löschung des Nacherbenvermerks verlangen?

B, C, D und E können Löschung des Nacherbenvermerks verlangen, wenn dieser zu Unrecht im Grundbuch eingetragen wurde und das Grundbuch dadurch unrichtig geworden wäre.

> Die Löschung eines zu Unrecht eingetragenen Nacherbenvermerks kann auf zwei Wegen erreicht werden: Zum einen kann derjenige, zu dessen Nachteil der Nacherbenvermerk eingetragen wurde, gemäß § 894 BGB vom Nacherben Zustimmung zur Löschung verlangen. Zum anderen kann Grundbuchbeschwerde nach § 71 GBO erhoben werden. Im Erfolgsfalle weist das Gericht das Grundbuchamt an, nach § 53 GBO einen Widerspruch in das Grundbuch einzutragen oder die unrichtige Eintragung zu löschen (§ 71 Abs. 2 GBO).

Fraglich ist, ob der Nacherbenvermerk zu Unrecht eingetragen wurde. Gemäß § 51 GBO ist bei Eintragung eines Vorerben in das Grundbuch zugleich von Amts wegen das Recht des Nacherben einzutragen. Hierdurch werden die Beschränkungen, denen ein Vorerbe gemäß § 2113 Abs. 1 BGB in Bezug auf ein zum Nachlass gehörendes Grundstück unterliegt, im Grundbuch für Dritte erkennbar gemacht und der Nacherbe vor den Gefahren geschützt, die sich aus dem öffentlichen Glauben des Grundbuchs ergeben.[8] Ein Nacherbenvermerk darf jedoch nur dann eingetragen werden, wenn der Vorerbe tatsächlich einer Verfügungsbeschränkung i. S. von § 2113 Abs. 1 BGB unterliegt.

1. Verfügungsbeschränkung gemäß § 2113 Abs. 1 BGB

§ 2113 Abs. 1 BGB gilt unmittelbar, wenn ein Erblasser Vor- und Nacherbfolge anordnet und zu seinem Nachlass ein Grundstück gehört. Zwar hat A die Nacherbfolge angeordnet, Nachlassgegenstand war jedoch nicht ein Grundstück, sondern nur der Anteil des A am Nachlass des P, zu dem ein Grundstück gehörte. Daher ist § 2113 Abs. 1 BGB nicht direkt anwendbar.

2. Analoge Anwendung des § 2113 Abs. 1 BGB

Möglicherweise kann § 2113 Abs. 1 BGB analog angewendet werden, wenn nicht ein Grundstück, sondern nur ein Erbanteil an einem Grundstück im Wege der Nacherbfolge vererbt wird.

Die für eine Analogie erforderliche Vergleichbarkeit der Interessenlage könnte darin gesehen werden, dass es hinsichtlich der Schutzbedürftigkeit des Nacherben keinen Unterschied macht, ob ein Grundstück oder nur ein Erbanteil daran zum Nachlass gehört. Beides soll ihm erhalten bleiben und vor Verfügungen des Vorerben geschützt werden. Dagegen lässt sich jedoch anführen, dass das Schutzbedürfnis des Nacherben mit der Verfügungsfreiheit der übrigen Mitglieder der Erbengemeinschaft kollidiert. Hier etwa haben B, C, D und E das Grundstück von P geerbt, ohne durch die Anordnung einer Nacherbfolge beschränkt worden zu sein. Folge einer analogen Anwendung des § 2113 Abs. 1 BGB auf V wäre, dass B, C, D und E nur mit Zustimmung des V über das Grundstück verfügen könnten. Die Verfügungsbeschränkung des V würde über § 2040 Abs. 1 BGB mittelbar auch die übrigen Miterben und den Nachlass des P treffen.

Es ist daher entscheidend, welchem Interesse der Vorrang gebühren soll: Dem Schutzinteresse des N vor nachlassbeschränkenden Verfügungen des V oder dem Verfügungsinteresse der von der Nacherbschaft nicht betroffenen B, C, D und E. Der BGH hat sich für den Fall einer nur aus zwei Personen bestehenden Erbengemeinschaft, bei der ein Miterbe verstarb und den überlebenden Miterben als Vorerben einsetzte, gegen die Anwendung des § 2113 Abs. 1 BGB entschieden.[9] Er erachtete es als „größeres Übel", die Beschränkungen der Vorerbschaft auf einen Nachlass auszudehnen, für den sie ursprünglich nicht angeordnet waren. Besteht die Erbengemeinschaft, wie hier, aus mehreren Mitgliedern, und stehen die von der Nacherbschaft unberührten Anteile nicht allein dem Vorerben selbst, sondern auch Dritten zu, dürfte dies erst recht gelten.

---

[8] BGHZ 84, 196, 201 = NJW 1982, 2499.
[9] Vgl. BGH NJW 1978, 698.

3. Einwand: Gesamthänderische Bindung

Etwas anders könnte sich daraus ergeben, dass B, C, D und E infolge der von P angeordneten gesamthänderischen Bindung ohnehin in ihrer Verfügungsfreiheit beschränkt sind (§§ 2038 ff. BGB). Allerdings kann dies nicht Rechtfertigung dafür sein, ihnen noch ein zusätzliches Verfügungshindernis aufzuerlegen. Hinzu kommt, dass die gesamthänderische Bindung auf den Willen des P zurückgeht, nicht aber die Nacherbfolge.

4. Einwand: Frühzeitigere Auseinandersetzung

Dass B, C, D und E sich durch eine frühzeitigere Auseinandersetzung der Erbengemeinschaft der Verfügungsbeschränkung hätten entziehen können, kann nicht entgegengehalten werden. Zwar ist die Erbengemeinschaft als Liquidationsgemeinschaft nicht dazu bestimmt, dauerhaft erhalten zu bleiben. Eine Obliegenheit zu einer möglichst raschen Auseinandersetzung gibt es indes nicht. Es kann durchaus im Interesse der Miterben liegen, den Nachlass für eine gewisse Zeit gemeinsam zu nutzen und zu verwalten. Die Entscheidung über Zeitpunkt und Art der Liquidation steht daher allein den Erben zu.

5. Einwand: Vergleich zur Verpfändung des Erbanteils

Schließlich steht auch der Vergleich mit der Verpfändung eines Erbanteils durch einen Miterben dem gefundenen Ergebnis nicht entgegen. Zum Schutz des Pfändungsgläubigers wird es für zulässig erachtet, das Pfandrecht an dem Erbanteil im Grundbuch des Nachlassgrundstücks einzutragen, obwohl das Pfandrecht nicht das Grundstück, sondern das Anteilsrecht des Miterben am ungeteilten Nachlass erfasst (§ 2033 Abs. 2 BGB).[10] Das Bedürfnis eines Miterben, seinen Erbteil vor Auseinandersetzung als Sicherungs- und Kreditmittel nutzbar zu machen, ist aber anders zu gewichten als sein Interesse, einen Nacherben vor Verfügungen der übrigen Miterben zu schützen. Auch ist der Nacherbe im Vergleich zum Pfändungsgläubiger weniger schutzwürdig, da ihm kein dingliches Recht am Erbteil zusteht.

6. Ergebnis

Der Nacherbenvermerk wurde zu Unrecht eingetragen. B, C, D und E können Löschung des Vermerks verlangen.

---

[10] Vgl. Palandt/*Edenhofer*, 68. Aufl. 2009, § 2033 Rn. 18.

C. Anmerkungen

I. Rechtsprechung

Dem Fall liegen folgende BGH-Entscheidungen zugrunde:

BGH, Urteil vom 11.9.2002 – XII ZR 187/00, ZEV 2002, 504 (keine Berechtigung der Erbengemeinschaft zum Abschluss eines Mietvertrags)

BGH, Beschluss vom 15.3.2007 – V ZB 145/06, NJW 2007, 2114 (Anteil an Erbengemeinschaft mit Grundbesitz als Nachlass – Nacherbenvermerk) aufgrund Vorlagebeschluss des OLG Stuttgart vom 14.9.2006 – 8 W 193/06, NJW-RR 2007, 454

II. Wichtiges zur Miterbengemeinschaft (§§ 2032 ff. BGB)

1. Rechtsnatur der Erbengemeinschaft und Verfügung über einen Miterbenanteil

Hinterlässt der Erblasser mehrere gesetzliche oder gewillkürte Erben, geht der Nachlass *als Ganzes* auf die Erben über (§§ 1922 Abs. 1, 2032 Abs. 1 BGB). Sie bilden eine Erbengemeinschaft, und der Nachlass stellt ein vom Vermögen der Erben getrenntes *Sondervermögen* zur gesamten Hand dar.[11]

Aus der Rechtsnatur der Erbengemeinschaft als Gesamthandsgemeinschaft folgt, dass die Miterben nur Inhaber eines Anteils am Gesamthandsvermögen sind. Dagegen sind sie nicht Inhaber einzelner Nachlassgegenstände oder eines Anteils an den einzelnen Nachlassgegenständen und können folglich hierüber nicht verfügen (vgl. § 2033 Abs. 2 BGB, der insoweit nur klarstellende Funktion hat).

Über seinen Anteil am Nachlass kann ein Miterbe hingegen durch notariell beurkundete Verfügung verfügen (§ 2033 Abs. 1 BGB). Meist liegt der Verfügung ein Erbschaftskauf (§§ 2371 ff. BGB) zugrunde. Es handelt sich um ein Rechtsgeschäft unter Lebenden, das die Erbenstellung des Miterben unberührt lässt und den Erwerber nicht zum Erben macht. Aus diesem Grund gilt § 857 BGB für den Erwerber eines Erbanteils nicht.

§ 2034 BGB[12] räumt den Miterben ein schuldrechtliches Vorkaufsrecht ein. Der Eintritt eines Dritten in die Erbengemeinschaft kann ihnen nicht aufgezwungen werden.

---

[11] Vgl. nur *Brox/Walker*, Erbrecht, 23. Aufl. 2009, Rn. 469.
[12] Subsidiär gelten §§ 464 ff. BGB.

2. Verwaltung (§§ 2038 ff. BGB)

Zur Verwaltung i. S. des § 2038 Abs. 1 BGB zählen alle tatsächlichen und rechtlichen Maßnahmen, die bis zur Teilung des Nachlasses zu dessen Erhaltung notwendig werden. Umfasst ist sowohl die Wahrnehmungsbefugnis im Innenverhältnis (*Geschäftsführung*) als auch die Wahrnehmungsbefugnis im Außenverhältnis (*Vertretungsmacht*). Den Regelfall stellt die gemeinschaftliche Verwaltung durch alle Miterben dar (§ 2038 Abs. 1 S. 1 BGB).

Ob auch *Verfügungen* zur ordnungsgemäßen Verwaltung zählen ist zweifelhaft, denn in § 2040 Abs. 1 BGB besteht eine Sonderregelung, die ausnahmslos gemeinschaftliches Zusammenwirken anordnet. Ebenfalls zweifelhaft ist, ob auch bei Notgeschäftsführung Verfügungen nur durch alle Miterben gemeinschaftlich getroffen werden können.[13]

3. Auseinandersetzung (§§ 2042 ff. BGB)

Die Erbengemeinschaft ist vom Gesetzgeber als Liquidationsgemeinschaft konzipiert worden. Jede r Miterbe kann jederzeit die Auseinandersetzung verlangen (§ 2042 Abs. 1 BGB; Ausnahmen in §§ 2043 bis 2045 BGB). Die Auseinandersetzung erfolgt nicht aufgrund eines gesetzlich geregelten Verteilungsverfahrens, sondern durch Einigung der Miterben auf einen schuldrechtlichen Auseinandersetzungsplan (sog. *Teilungsplan*) und den dinglichen Vollzug dieses Plans. Wurde Testamentsvollstreckung angeordnet, erstellt der Testamentsvollstrecker den Teilungsplan (§ 2204 Abs. 2 BGB).

III. Lesehinweise

BGH, Urteil vom 7.5.2008 – XII ZR 69/06, NJW 2008, 2178 (Schutzzweck des mietvertraglichen Schriftformgebots – Vertretungszusatz bei Mietermehrheit)
BGH, Beschluss vom 2.6.2005 – V ZB 32/05, NJW 2005, 2061 (Teilrechtsfähigkeit der Wohnungseigentümergemeinschaft)
BGH, Beschluss vom 17.10.2006 – VIII ZB 94/05, NJW 2006, 3715 (Keine Rechts- und Parteifähigkeit der Erbengemeinschaft)

---

[13] Vgl. zum Streitstand *Brox/Walker,* Erbrecht, 23. Aufl. 2009, Rn. 507; *Leipold,* Erbrecht, 17. Aufl. 2009, Rn. 736.

Fall 13: Wir wollen beide nur dein Bestes – dein Geld!

A. Sachverhalt

M und F sind verheiratet. M hält bei der Lebensversicherungs-AG (L) eine kapitalbildende Lebensversicherung und hat F für den Fall seines Todes als Bezugsberechtigte eingesetzt.

Seit Februar 2004 lebt M mit G in nichtehelicher Lebensgemeinschaft. Er will sich von F scheiden lassen. Anfang März 2004 widerruft M die Bezugsberechtigung zugunsten der F und setzt stattdessen G als Bezugsberechtigte ein. G erfährt davon nichts. Vielmehr vereinbart M mit L, dass L der G nach dem Tod des M ein entsprechendes Schenkungsangebot überbringen soll.

Als die Lebensgemeinschaft scheitert, nimmt sich M am Abend des 15.5.2004 das Leben.

Am 17.5.2004 sichtet der Vater (V) des M die Versicherungsunterlagen und weist G auf ihre Bezugsberechtigung hin. G beauftragt V, die Bezugsberechtigung gegenüber L geltend zu machen. V führt noch am 17.5.2004 ein Telefonat mit L. Darin erklärt L, V müsse zunächst die Versicherungspolice und eine Sterbeurkunde zusenden, was V veranlasst.

Mit Schreiben vom 19.5.2004 wendet sich F, die alleinige Erbin des M ist, an L und erklärt:

> Hiermit fechte ich die rechtsgeschäftliche Erklärung des M, mit welcher dieser G als Begünstigte seiner Lebensversicherung eingesetzt hat, an. Das Recht zur Anfechtung steht mir als Erbin und Rechtsnachfolgerin meines verstorbenen Ehegatten zu.

Dennoch überbringt L der G mit Schreiben vom 9.6.2004 das Schenkungsangebot des M. Sowohl F als auch G fordern nun von L Auszahlung der Versicherungssumme. L will nichts falsch machen und hinterlegt die Versicherungssumme beim Amtsgericht unter Verzicht auf das Recht zur Rücknahme.

G fordert von F Zustimmung zur Freigabe des hinterlegten Betrages. Zu Recht?

B. Lösung

G könnte gegen F einen Anspruch auf Zustimmung zur Freigabe des hinterlegten Betrages aus § 812 Abs. 1 S. 1 Alt. 2 BGB haben.

I. Voraussetzungen des § 812 Abs. 1 S. 1 Alt. 2 BGB

1. Etwas erlangt

Durch die Hinterlegung der Versicherungssumme durch L gemäß § 372 BGB hat F die Stellung als Hinterlegungsgläubigerin erlangt.[1]

> Berühmen sich mehrere Gläubiger einer Forderung (sog. Forderungsprätendenten) und ist unklar, wem die Forderung tatsächlich zusteht, kann der Schuldner den Betrag hinterlegen (§ 372 S. 2 BGB). Verzichtet er zugleich auf die Rücknahme, hat die Hinterlegung Erfüllungswirkung (§ 378 BGB). Im Streit zwischen den Forderungsprätendenten über die Auszahlung des hinterlegten Geldbetrags (sog. Prätendentenstreit) steht dem wirklichen Rechtsinhaber gegen den anderen Prätendenten ein bereicherungsrechtlicher Anspruch auf Einwilligung in die Auszahlung (Abgabe einer Freigabeerklärung) zu, denn Letzterer hat durch das vom Schuldner gewählte Verfahren der Hinterlegung auf Kosten des wahren Gläubigers rechtsgrundlos die Stellung eines Hinterlegungsbeteiligten erlangt.[1]
>
> Wurde der Schuldner bereits von einem Forderungsprätendenten auf Zahlung verklagt, so kann der Schuldner gemäß § 75 ZPO den Betrag noch während des Rechtsstreits hinterlegen und dem anderen Forderungsprätendenten den Streit verkünden, mit der Folge, dass er selbst aus dem Rechtsstreit entlassen und der Streit zwischen den Forderungsprätendenten fortgesetzt wird (vgl. § 75 ZPO).

2. In sonstiger Weise

Durch die Hinterlegung wollte L nicht bewusst und zweckgerichtet das Vermögen der F mehren, sondern seine Verbindlichkeit gegenüber M aus dem Lebensversicherungsvertrag erfüllen. Die Nichtleistungskondiktion ist somit nicht durch vorrangige Leistung ausgeschlossen.

---

[1] Vgl. BGH NJW-RR, 1997, 495; BGH NJW 2000, 291; Palandt/*Sprau*, 68. Aufl. 2009, § 812 Rn. 93.

3. Auf Kosten der G

F hätte die Stellung als Hinterlegungsgläubigerin auf Kosten der G erlangt, wenn G Inhaberin der streitbefangenen Forderung wäre. Dies wäre der Fall, wenn G als Bezugsberechtigte aus der Lebensversicherung eine Forderung gegen L auf Auszahlung der Versicherungsprämie erworben hätte.

Bei der hier vorliegenden Dreieckskonstellation (M – L – G/F) sind drei Rechtsverhältnisse voneinander zu unterscheiden:

1. Der zwischen M und L im Rahmen des Lebensversicherungsvertrags geschlossene Vertrag zugunsten der G, aus dem sich deren Bezugsberechtigung ergibt, stellt das *Deckungsverhältnis* dar. Im Deckungsverhältnis hat sich L (Versprechender) gegenüber M (Versprechensempfänger) verpflichtet, die Leistung an G zu erbringen.
2. Davon zu unterscheiden ist das *Valutaverhältnis* (Zuwendungsverhältnis) zwischen M und G. In dieser Rechtsbeziehung soll letztlich die Vermögensverschiebung bewirkt werden; aus ihr ergibt sich der Rechtsgrund für die Zuwendung. Rechtsgrund für die Zuwendung an G ist eine Schenkung des M an G. Ob G die Versicherungsleistung endgültig behalten darf, hängt davon ab, ob die Schenkung im Valutaverhältnis wirksam ist (dazu noch unten unter II. 2.).
3. Das Verhältnis L – G stellt schließlich das *Ausführungsverhältnis* (Vollzugsverhältnis) dar. Dieses ist kein echtes vertragliches Rechtsverhältnis, sondern Folge des Vertrags zugunsten Dritter (Deckungsverhältnis). G erhält gegen L ein aus dem Vertrag zugunsten Dritter abgespaltenes Forderungsrecht; L trifft die korrespondierende Verpflichtung, die Leistung zu bewirken.

Fraglich ist, ob G ein eigenes Forderungsrecht erworben hat. Hierfür müsste es sich bei der Vereinbarung zwischen M und L zugunsten der G um einen *echten* Vertrag zugunsten Dritter auf den Todesfall handeln, denn dieser verleiht dem begünstigten Dritten ein eigenes Forderungsrecht (§§ 328, 331 BGB).

Dagegen erwirbt der Dritte beim *unechten* Vertrag zugunsten Dritter kein eigenes Forderungsrecht. Der Schuldner (Versprechende) ist lediglich seinem Vertragspartner (Versprechensempfänger) gegenüber zur Leistung an den Dritten verpflichtet und gleichzeitig ermächtigt, mit befreiender Wirkung an diesen zu leisten.

M hat G noch zu Lebzeiten als Bezugsberechtigte seiner Lebensversicherung eingesetzt und mit L vereinbart, dass G mit dem Tode des M einen eigenen Anspruch gegen L auf Auszahlung der Versicherungssumme erlangen sollte. Somit liegen die Voraussetzungen eines echten Vertrags zugunsten der G auf den Todesfall nach §§ 328, 331 BGB vor.

Der Vertrag zugunsten der G müsste auch wirksam sein, er dürfte insbesondere nicht nach §§ 125 S. 1, 2301 BGB formnichtig sein.[2] Mit einem echten Vertrag zugunsten Dritter auf den Todesfall kann das gleiche Ziel erreicht werden wie mit einem Testament oder einem Erbvertrag. Da letztere aber strengen Formvorschriften unterliegen (§§ 2247, 2276 BGB), stellt sich die Frage, ob die erbvertraglichen Formvorschriften über § 2301 BGB auch auf den Vertrag zugunsten Dritter auf den Todesfall anzuwenden sind, um eine Umgehung erbvertraglicher Formvorschriften zu verhindern. Dem steht allerdings entgegen, dass im hier in Rede stehenden Deckungsverhältnis (Verhältnis M – L) bereits keine Schenkung i. S. des § 2301 BGB vorliegt. Außerdem ist mit § 331 BGB die formfreie Gestaltungsmöglichkeit neben den Möglichkeiten des Erbrechts ausdrücklich anerkannt worden.[3]

Somit hat G mit dem Tod des M unmittelbar einen Anspruch auf Auszahlung der Versicherungsleistung gegen L erworben.[4] F hat ihre Stellung als Forderungsprätendentin und Hinterlegungsgläubigerin daher auf Kosten der G erlangt.

4. Ohne Rechtsgrund

Der Eingriff in den Zuweisungsgehalt eines fremden Rechts erfolgt grundsätzlich ohne Rechtsgrund. Der Mangel des rechtlichen Grundes ist durch den Eingriff indiziert.[5]

> Wer im Falle des Prätendentenstreits Auszahlung des hinterlegten Betrags verlangen kann, hängt ausschließlich davon ab, wer gegenüber *dem hinterlegenden Schuldner* forderungsberechtigt ist. Das Rechtsverhältnis zwischen den Prätendenten ist grundsätzlich unbeachtlich.[6] Ob also F möglicherweise letzten Endes das „bessere Recht" an der Versicherungssumme zusteht,

---

[2] Nach wohl h. M. verweist § 2301 BGB aufgrund seiner systematischen Stellung auf die Formvorschriften des Erbvertrags (§ 2276 BGB), nach a. A. ist lediglich die Einhaltung der für Testamente vorgeschriebenen Form (§ 2247 BGB) erforderlich, vgl. Palandt/*Edenhofer*, 68. Aufl. 2009, § 2301 Rn. 6 m. w. N.

[3] Vgl. *Leipold*, Erbrecht, 17. Aufl. 2009, Rn. 578.

[4] Beim echten Vertrag zugunsten Dritter nach § 328 BGB erwirbt der Dritte das Forderungsrecht unmittelbar in seiner Person und zwar bereits mit dem Vertragsschluss. Das Forderungsrecht gelangt nicht, auch nicht durchgangsweise, in das Vermögen des Versprechensempfängers. Beim echten Vertrag zugunsten Dritter auf den Todesfall (§ 331 BGB) steht das Forderungsrecht dagegen zunächst dem Versprechensempfänger zu, der Dritte erwirbt es erst mit dessen Tod, vgl. BGHZ 32, 44, 46f. = NJW 1960, 912; BGHZ 81, 95, 97 = NJW 1981, 2245.

[5] Ein Rechtsgrund kann im Einzelfall gleichwohl aufgrund einer Gestattung des Rechtsinhabers oder aufgrund gesetzlicher Vorschriften (z. B. §§ 973, 946 ff., 932 ff., 937 BGB) gegeben sein.

[6] BGH NJW-RR 1997, 495; BGH NJW 2000, 291.

> weil sie von G Herausgabe der Versicherungssumme verlangen kann, ist –
> auch für die Frage des Rechtsgrundes – irrelevant, denn *gegenüber L* ist G
> forderungsberechtigt.
>   Grund für die Ausblendung des Rechtsverhältnisses zwischen den Präten-
> denten ist, dass dem obsiegenden Prätendenten nicht die Möglichkeit abge-
> schnitten werden soll, sich die Forderung auf Auszahlung des hinterlegten
> Betrags zu erhalten, indem er die gegen ihn gerichtete Forderung des anderen
> Prätendenten selbst durch Aufrechnung oder Geltendmachung eines Zurück-
> behaltungsrechts (mit einer anderen Forderung) abwehrt.
>   Das Innenverhältnis zwischen den Forderungsprätendenten wird von der
> Rspr. dennoch nicht völlig außer Acht gelassen. Es kann – wenn ein Abschnei-
> den von Einwendungen nicht zu befürchten ist – ausnahmsweise dazu führen,
> dass das Freigabeverlangen des obsiegenden Prätendenten gegen § 242 BGB
> verstößt (dolo-agit-Einwand; dazu sogleich unter II.).[7]

5. Zwischenergebnis

G hat gegen F einen Anspruch aus § 812 Abs. 1 S. 1 Alt. 2 BGB auf Abgabe einer Freigabeerklärung hinsichtlich des hinterlegten Erlöses.

II. Treuwidrigkeit des Freigabeverlangens (§ 242 BGB)

Das Freigabeverlangen der G könnte jedoch rechtsmissbräuchlich sein und gegen § 242 BGB verstoßen. Dies wäre der Fall, wenn G zwar gegenüber L bezugsberechtigt wäre, im Verhältnis zu F die Versicherungssumme aber nicht behalten dürfte, sondern das Erlangte (die Forderung gegen L) sofort an F herausgeben müsste (dolo-agit-Einwand). Gegenrechte der G, die diese dem Abtretungsverlangen der F entgegenhalten könnte und die ihr durch Anwendung des § 242 BGB genommen werden könnten, sind nicht ersichtlich.

F könnte gegen G einen Anspruch auf Abtretung der Forderung gegen L aus § 812 Abs. 1 S. 1 Alt. 1 BGB haben.

> An dieser Stelle wird das *Valutaverhältnis*, das die Grundlage für die Zuwen-
> dung an G bildet, relevant. Nach ganz überwiegender Auffassung bedarf es
> auch im Verhältnis zum Begünstigten aus einem Vertrag zugunsten Dritter
> eines Valutaverhältnisses; nach aA sei eine eigene mortis causa Rechtsgrund
> der Zuwendung. Hintergrund dieser Kontroverse sind die Unsicherheiten über

---

[7] BGH NJW-RR 1997, 495.

> das Zustandekommen (Stichwort: Wettlauf zwischen Erben und Begünstigtem) und die Formanforderungen (§ 2301 BGB). Mit der ganz h.M. ist aber davon auszugehen, dass es hier auch im Verhältnis M – G (bzw. F – G, da F die Rechtsnachfolgerin des M ist) eines Valutaverhältnisses, etwa durch wirksame Schenkung bedarf, damit G die Versicherungssumme endgültig behalten darf. Ist die Schenkung unwirksam, hat G die Forderung gegen L rechtsgrundlos erlangt und muss sie nach § 812 Abs. 1 S. 1 Alt. 1 BGB an F als Erbin des M abtreten.

1. Etwas erlangt durch Leistung

G hat die Forderung gegen L auf Auszahlung der Versicherungsprämie erlangt. Sie müsste die Forderung durch Leistung des M bzw. seiner Erbin F erlangt haben. Leistung ist die bewusste und zweckgerichtete Mehrung fremden Vermögens. Im Fall der condictio indebiti liegt der Zweck der Leistung in der Erfüllung einer Verbindlichkeit. Hier sollte L nach dem Tod des M der G ein Schenkungsangebot überbringen. G hat die Forderung gegen L zur Erfüllung dieses – nach dem Tode des M noch abzuschließenden – Schenkungsvertrags und damit durch Leistung des M bzw. seiner Erbin F erlangt.

2. Ohne Rechtsgrund

Entscheidend ist, ob zwischen M und G ein wirksamer Schenkungsvertrag zustande gekommen ist. Ein Schenkungsvertrag könnte dadurch zustande gekommen sein, dass G das nach dem Tod des M wirksam gebliebene (§ 153 BGB) und durch V überbrachte Schenkungsangebot konkludent und unter Verzicht auf einen Zugang bei V angenommen hat (§ 151 BGB). Unabhängig vom Zustandekommen des Schenkungsvertrags (dazu noch unten c) bestehen bereits Zweifel an der Formwirksamkeit des Schenkungsvertrags, dazu sogleich.

> Der hier gewählte Aufbau hat in erster Linie didaktische Gründe, um die regelmäßig in diesem Zusammenhang auftretenden Formfragen darstellen zu können. In der Klausur sollte zunächst geprüft werden, ob überhaupt ein Schenkungsvertrag zustande gekommen ist, bevor seine Wirksamkeit untersucht wird.

a) Formunwirksamkeit gemäß § 125 S. 1 i. V. mit § 518 Abs. 1 BGB

Der Schenkungsvertrag könnte erstens wegen § 518 Abs. 1 BGB formunwirksam sein (§ 125 S. 1 BGB), weil es an der notariellen Beurkundung fehlt. Dieser Formmangel wäre jedoch gemäß § 518 Abs. 2 BGB geheilt, wenn die versprochene Leistung gegenüber G bewirkt worden wäre. G hat im Zeitpunkt des Todes des M unmittelbar einen Anspruch gegenüber L erworben. Die Schenkung wurde damit noch vor Abschluss des Schenkungsvertrages vollzogen; der Formmangel kann nicht zur Nichtigkeit nach § 125 S. 1 BGB führen.[8] Allerdings ist fraglich, ob § 518 BGB überhaupt anwendbar ist. Es könnte sich um ein Schenkungsversprechen von Todes wegen handeln, auf das gemäß § 2301 Abs. 1 BGB die Vorschriften über Schenkungen zu Lebzeiten, insbesondere die Heilungsmöglichkeit des § 518 Abs. 2 BGB, nicht anwendbar sind.

b) Formunwirksamkeit gemäß § 125 S. 1 i. V. mit § 2301 Abs. 1 BGB

Zweitens könnte der Schenkungsvertrag wegen Verstoßes gegen § 2301 Abs. 1 BGB formunwirksam sein. Dazu müsste § 2301 BGB anwendbar sein, es müsste sich also um eine Schenkung auf den Todesfall handeln.

aa) Schenkung befristet durch den Tod unter Überlebensbedingung

M müsste ein Schenkungsversprechen abgegeben haben, das erst nach seinem Tod erfüllt werden soll (Befristung durch den Tod des Schenkers), und nur für den Fall gelten soll, dass G ihn überlebt (Bedingung des Überlebens des Beschenkten).

Die Befristung durch den Tod liegt vor, denn L sollte G das Schenkungsangebot erst nach dem Tod des M überbringen. Dagegen hat M die Zuwendung nicht ausdrücklich unter die Bedingung gestellt, dass G ihn überlebt. Nach allgemeiner Ansicht ist es jedoch ausreichend, wenn die Auslegung ein solches Ergebnis nahe legt, weil der Grund für die Zuwendung in der Person des Beschenkten liegt, und es dem Schenker ersichtlich darauf ankam, die Zuwendung dem Beschenkten höchstpersönlich – und nicht etwa dessen Erben – zukommen zu lassen.[9] Dies ist hier der Fall, denn M wollte gerade die G persönlich beschenken.

Somit ist § 2301 Abs. 1 BGB dem Wortlaut nach anwendbar. Die Schenkung wäre mangels notarieller Beurkundung (§ 2276 BGB) bzw. eigenhändiger Errichtung (§ 2247 BGB) nach beiden Ansichten[10] formunwirksam.

bb) Ausnahme lebzeitiger Vollzug gemäß § 2301 Abs. 2 BGB

Etwas anderes würde gelten, wenn M die Schenkung zu Lebzeiten vollzogen hätte, so dass gemäß §§ 2301 Abs. 2, 518 Abs. 2 BGB Heilung eingetreten wäre. Hierfür müsste M noch zu Lebzeiten ein Vermögensopfer erbracht haben, und die Vermögensminderung müsste bei ihm selbst und nicht erst bei seiner Erbin F eingetreten

---

[8] Vgl. hierzu MünchKommBGB/*Koch*, 5. Aufl. 2008, § 518 Rn. 20, der im Vollzug vor Vertragsschluss eine formfrei eingeleitete Handschenkung sieht.

[9] BGHZ 99, 97 = NJW 1987, 840.

[10] Siehe bereits die Nachweise in Fn. 2.

sein.[11] Allerdings konnte M zu Lebzeiten die Bezugsberechtigung der G jederzeit widerrufen (vgl. § 159 Abs. 1 VVG). Ein lebzeitiger Vollzug i. S. des § 2301 Abs. 2 BGB liegt daher nicht vor.

> Der Begriff des „Vollzugs" i. S. des § 2301 Abs. 2 BGB unterscheidet sich von dem i. S. des § 518 Abs. 2 BGB in zweierlei Hinsicht.
> 1. Vollzug i. S. des § 518 Abs. 2 BGB kann jederzeit, auch nach dem Tod des Schenkers bewirkt werden. Vollzug i. S. des § 2301 Abs. 2 BGB muss zu Lebzeiten des Schenkers erfolgen.[12]
> 2. § 518 Abs. 2 BGB verlangt für den Vollzug die Erfüllung (Bewirkung) des Schenkungsversprechens. Für Vollzug i. S. des § 2301 Abs. 2 BGB ist es ausreichend, dass der Erblasser zu Lebzeiten alles getan hat, was von seiner Seite zur Vermögensverschiebung erforderlich war, damit diese nach seinem Tod ohne weiteres Zutun eintreten kann.[13]

cc) *Verhältnis des § 331 BGB zu § 2301 BGB*

Fraglich ist jedoch, ob im Rahmen von Verträgen zugunsten Dritter auf den Todesfall (§§ 328, 331 BGB) die Vorschrift des § 2301 BGB auf die im Valutaverhältnis vorgenommene Schenkung Anwendung finden kann, oder ob § 331 BGB hierfür als Sondervorschrift vorgeht.

Nach einer Ansicht soll § 2301 BGB auch auf Verträge zugunsten Dritter auf den Todesfall anwendbar sein, weil ansonsten über § 331 BGB die erbrechtlichen Formvorschriften unterlaufen würden und eine Art Sondererbrecht geschaffen würde, das die Begünstigten gegenüber Erben und Pflichtteilsberechtigten unbillig bevorzugen würde.[14]

Dagegen ist nach hL und st. Rspr. des BGH für die Anwendung des § 2301 BGB bei Schenkungen im Rahmen von Verträgen zugunsten Dritter auf den Todesfall kein Raum. § 331 BGB sei eine eigens hierfür geschaffene Sondervorschrift, die § 2301 BGB vollständig verdränge.[15] Es bestehe auch kein Bedürfnis für die Anwendung des § 2301 BGB, denn der Regelungsbereich des § 2301 BGB sei nicht berührt. § 2301 BGB erfasse den Fall, dass der Erblasser zu Lebzeiten eine Schenkung verspricht, diese aber erst nach seinem Tod aus dem Nachlass erfüllt werden soll. In diesem Fall bestehe der Konflikt zum Erbrecht, denn der Schenker hätte ebenso gut ein Testament oder einen Erbvertrag errichten können. Beim Vertrag zugunsten

---

[11] Vgl. MünchKommBGB/*Musielak*, 4. Aufl. 2004, § 2301 Rn. 2, 19.
[12] BGHZ 99, 97 = NJW 1987, 840; *Leipold*, JZ 1987, 362.
[13] BGHZ 87, 19 = NJW 1983, 1487.
[14] *von Lübtow*, Erbrecht, Bd. 2, S. 1237; *Otte*, AcP 186, 313 ff.; *Marotzke*, AcP 184, 541, 575; *Kipp/Coing*, Erbrecht, 14. Aufl. 1990, § 81 V 1; vgl. auch *Medicus*, Bürgerliches Recht, 21. Aufl. 2007, Rn. 396f. für andere Verträge zugunsten Dritter auf den Todesfall als Lebensversicherungsverträge.
[15] Vgl. nur Palandt/*Edenhofer*, 68. Aufl. 2009, § 2301 Rn. 17 m. w. N.

Dritter auf den Todesfall dagegen erwerbe der Beschenkte mit dem Tod des Schenkers die Forderung unmittelbar in seiner Person. Die Forderung des Begünstigten falle zu keiner Zeit in den Nachlass.[16] Dies wird insbesondere für Lebensversicherungen vertreten. Der Lebensversicherungsvertrag zugunsten Dritter habe im VVG eine umfassende Regelung erfahren. Die §§ 150 ff. VVG werden nach allg. Ansicht als umfassende Sonderregelungen verstanden, die auch § 2301 BGB vorgehen.

> **Anmerkung:**
> Für die Lebensversicherung kann die Streitdarstellung daher auch kürzer ausfallen. Sie erfolgte hier vornehmlich aus didaktischen Gründen.
> Umstritten ist die Anwendung des § 2301 BGB dagegen bei den sog. Sparbuchfällen.[17] Aber auch dort sieht der BGH in st. Rspr. § 331 BGB als vorrangig gegenüber § 2301 BGB an.[18]

Der Schenkungsvertrag ist somit nicht bereits wegen Formunwirksamkeit gemäß §§ 125 S. 1, 2301 Abs. 1 BGB nichtig. Es gelten die Vorschriften über Schenkungen unter Lebenden, insbesondere kann Heilung nach § 518 Abs. 2 BGB eintreten.

c) Wirksamer Abschluss eines Schenkungsvertrags

Fraglich ist jedoch, ob überhaupt eine wirksame Einigung über eine Schenkung i. S. des § 516 Abs. 1 BGB zustande gekommen ist.

aa) Abgabe eines Schenkungsangebots durch M

M müsste ein entsprechendes Schenkungsangebot abgegeben haben. M selbst hat gegenüber G kein Schenkungsangebot abgegeben. Allerdings hat M, als er G zur Bezugsberechtigten einsetzte, L beauftragt, nach seinem Tode ein entsprechendes Schenkungsangebot an G zu übermitteln und damit L als Botin eingesetzt. Der Tod des M hatte gemäß § 130 Abs. 2 BGB auf die Wirksamkeit seiner Willenserklärung keinen Einfluss, so dass die Weiterleitung des Angebots durch L auch noch nach dem Tode des M erfolgen konnte.

Das Angebot müsste G zugegangen sein (§ 130 Abs. 1 S. 1 BGB). Der Zugang könnte am 17.5.2004 erfolgt sein, als G durch V von ihrer Bezugsberechtigung erfuhr. Die Mitteilung durch V stellt jedoch kein wirksames Schenkungsangebot

---

[16] St.Rspr., vgl. nur BGHZ 41, 95, 96 = NJW 1964, 1124; BGHZ 66, 8, 11 ff. = NJW 1976, 749, 750; MünchKommBGB/*Musielak*, 4. Aufl. 2004, § 2301 Rn. 31 ff. m. w. N.; mittlerweile auch *Lange/Kuchinke*, Erbrecht, 5. Aufl. 2001, § 33 V 2.
[17] Vgl. hierzu *Medicus*, Bürgerliches Recht, 21. Aufl. 2007, Rn. 394 ff.
[18] BGHZ 66, 8 = NJW 1976, 749; Palandt/*Edenhofer*, 68. Aufl. 2009, § 2301 Rn. 17 ff.

dar, denn weder enthielt sie inhaltlich das Angebot zu einer Schenkung, noch war V bevollmächtigt, ein solches Angebot an G zu übermitteln.

Möglicherweise ging G das Schenkungsangebot zu, als V am 17.5.2004 mit L telefonierte. G hatte V beauftragt, ihre Bezugsberechtigung gegenüber L anzuzeigen. Damit konnte V als Empfangsvertreter der G das Angebot mit Wirkung für G entgegen nehmen (§ 164 Abs. 3 BGB). Allerdings hat L in dem Telefonat den V lediglich zur Zusendung der Versicherungspolice und der Sterbeurkunde aufgefordert, um die weitere Prüfung zu veranlassen. Dieses Verhalten kann nicht als Übermittlung des Schenkungsangebots verstanden werden (§§ 157, 133 BGB).

Der Zugang der Willenserklärung konnte aber erfolgen, als L mit Schreiben vom 9.6.2004 das Schenkungsangebot übermittelte.

bb) „Anfechtung" des Übermittlungsauftrags durch F

Allerdings könnte die Wirksamkeit des Angebots dadurch entfallen sein, dass F als Erbin des M am 19.5.2004 gegenüber L erklärt hat, sie wolle den Übermittlungsauftrag anfechten.

Ein Grund für eine Anfechtung der Willenserklärung i. S. der §§ 119 ff. BGB liegt nicht vor, so dass eine wirksame Anfechtung der F nicht in Betracht kommt. Ihre Anfechtungserklärung kann jedoch entsprechend ihrem Willen als Widerruf des Übermittlungsauftrags ausgelegt werden.

> Die Auslegung als Widerruf i. S. des § 130 Abs. 1 S. 2 BGB kommt nicht in Betracht, denn dieser hätte an den Erklärungsempfänger, die G, gerichtet werden müssen.

Als Folge des Widerrufs ist die Botenmacht der L entfallen (§§ 168, 167 Abs. 1 BGB analog). Als L am 9.6.2004 das Schenkungsangebot übermittelte, handelte sie als Botin ohne Botenmacht.

Problematisch ist, ob der F die Willenserklärung dennoch zugerechnet werden kann. Aus § 120 BGB, der trotz falscher Übermittlung durch den Boten von der Wirksamkeit der Willenserklärung ausgeht und lediglich ein Anfechtungsrecht einräumt, könnte sich ergeben, dass der Erklärende das Risiko der ungewollten Übermittlung trägt.[19] Dies hätte hier zur Folge, dass ein wirksames Schenkungsangebot an G vorläge, das F durch Anfechtung beseitigen müsste. Allerdings erfasst § 120 BGB seinem Wortlaut nach allein die irrtümlich *falsche* Übermittlung durch einen Boten, die wertungsmäßig den Irrtümern i. S. des § 119 BGB gleichsteht. Zwar wird vereinzelt gefordert, § 120 BGB auch auf die Fälle zu erstrecken, in denen der Bote die ihm anvertraute Erklärung bewusst oder absichtlich verändert, weil der Erklärende, der sich eines Boten als Übermittlungshilfe bediene, dieses von ihm

---

[19] So die Ansicht des Berufungsgerichts im vorliegenden Fall, OLG Schleswig, Urteil vom 15.8.2006 – 3 U 45/05.

B. Lösung

selbst geschaffene Risiko zu tragen habe.[20] Allerdings besteht weitgehend Einigkeit, dass § 120 BGB dann keine Anwendung findet, wenn der Bote überhaupt nicht beauftragt wurde oder der Botenauftrag vor Übermittlung der Willenserklärung widerrufen wurde. In diesem Fall gibt es für eine Zurechnung der Erklärung keine Rechtfertigung. Eine Anfechtung ist dann nicht erforderlich.[21]

Dabei kann offen bleiben, ob als Folge des Widerrufs überhaupt keine der F zurechenbare Willenserklärung vorlag,[22] oder die von L übermittelte Willenserklärung analog §§ 177 ff. BGB schwebend unwirksam war.[23] Da F eine Genehmigung ersichtlich verweigert hat, fehlt es nach beiden Ansichten an einem wirksamen Angebot zum Abschluss eines Schenkungsvertrags.

cc) Zwischenergebnis

Zwischen M bzw. F und G ist kein wirksamer Schenkungsvertrag zustande gekommen. G hat die Forderung gegen L ohne Rechtsgrund erlangt.

3. Rechtsfolge

Gemäß §§ 812 Abs. 1, 818 Abs. 1 BGB ist G verpflichtet, die rechtsgrundlos erlangte Forderung gegen L an F abzutreten (§ 398 BGB).

III. Ergebnis

G müsste die erlangte Forderung gegen L ihrerseits gemäß § 812 Abs. 1 S. 1 Alt. 1 BGB an F abtreten. G hat daher keinen Anspruch gegen F auf Zustimmung zur Freigabe des hinterlegten Erlöses. Ihr Freigabeverlangen verstößt gegen § 242 BGB.

---

[20] *Medicus*, AT, 8. Aufl. 2002, Rn. 748 m. w. N.; anders jedoch die h. M. vgl. Palandt/*Ellenberger*, 68. Aufl. 2009, § 120 Rn. 4,. MünchKommBGB/*Kramer*, 5. Aufl. 2006, § 120 Rn. 4.
[21] Palandt/*Ellenberger*, 68. Aufl. 2009, § 120 Rn. 3.
[22] OLG Koblenz BB 1994, 819.
[23] So wohl die h. M., vgl. *Schulze/Dörner/Ebert*, BGB, 5. Aufl. 2007, § 120 Rn. 4; OlG Oldenburg NJW 1978, 951.

C. Anmerkungen

I. Rechtsprechung

Dem Fall liegt folgende BGH-Entscheidung zugrunde:
BGH, Urteil vom 21.5.2008 – IV ZR 238/06, ZEV 2008, 392 (Widerruf der Bezugsberechtigung aus einer Lebensversicherung durch die Erben des Versicherungsnehmers)

II. Überblick: Zuwendungen auf den Todesfall

Kennzeichen einer *Verfügung von Todes wegen* (Testament, gemeinschaftliches Testament, Erbvertrag) ist, dass der Erblasser zu Lebzeiten eine Bestimmung über sein Vermögen trifft, die erst im Erbfall rechtswirksam wird und bis dahin grundsätzlich widerruflich ist. Problematisch und klausurrelevant ist die Abgrenzung zu *Zuwendungen auf den Todesfall*.

Eine Zuwendung auf den Todesfall kann sowohl in Form einer Schenkung als auch in Form eines Vertrags zugunsten Dritter erfolgen.

1. Schenkung von Todes wegen

a) Schenkung unter Lebenden

Keinerlei Abgrenzungsprobleme zum Erbrecht treten auf, wenn bei einer Schenkung sowohl das schuldrechtliche Geschäft als auch der dingliche Vollzug zu Lebzeiten abgeschlossen werden. Gleiches gilt, wenn das Schenkungsversprechen zu Lebzeiten erteilt wurde, der Zuwendende aber zufällig während oder vor dem Vollzug verstirbt. Wurde die Form des § 518 Abs. 1 BGB eingehalten, hat der Beschenkte einen Anspruch auf Erfüllung des Schenkungsversprechens gegen die Erben des Schenkers. Ansonsten besteht zwar die Möglichkeit, aber nicht die Pflicht der Erben, den Formmangel durch Vollzug zu heilen (§ 518 Abs. 2 BGB).

b) Schenkung von Todes wegen

Im Grenzbereich zwischen lebzeitiger und letztwilliger Zuwendung liegt das Schenkungsversprechen „von Todes wegen" oder „auf den Todesfall". Es handelt sich um ein Schenkungsversprechen zu Lebzeiten, das erst nach dem Tod des Schenkers erfüllt werden soll. Wurde das Schenkungsversprechen gerade für den Fall abgegeben, dass der Schenker stirbt und der Beschenkte ihn überlebt, besteht kein Unterschied mehr zur Rechtslage bei einer Erbeinsetzung oder einer Vermächtnis-

C. Anmerkungen

zuwendung. Damit die erbrechtlichen Formvorschriften nicht unterlaufen werden, sollen nach § 2301 BGB für diese Schenkungen die Vorschriften über Verfügungen von Todes wegen Anwendung finden.

aa) Voraussetzungen des § 2301 BGB

§ 2301 BGB hat zur Voraussetzung, dass

1. das Schenkungsversprechen erst nach dem Tod des Schenkers erfüllt werden soll (= aufschiebende Befristung durch den Tod des Schenkers, § 163 BGB).
2. das Schenkungsversprechen nur für den Fall gelten soll, dass der Beschenkte den Schenker überlebt (= aufschiebende Bedingung durch das Überleben des Beschenkten, § 158 Abs. 1 BGB; sog. Überlebensbedingung). Dies wird bereits dann angenommen, wenn es dem Schenker darauf ankommt, dass die Zuwendung höchstpersönlich dem Bedachten – und nicht etwa dessen Erben – zukommt.[24]

Merksatz:[25] „Meine Schenkung soll erst wirksam werden, *wenn ich sterbe* und *Du weiterlebst*."

bb) Rechtsfolgen

§ 2301 Abs. 1 BGB erklärt die Vorschriften über Verfügungen von Todes wegen für anwendbar. Welche Vorschriften damit gemeint sind, ist umstritten. Teilweise wird eine Verweisung auf die Testamentsformen angenommen, da § 2301 BGB sich auf das Schenkungsversprechen, also auf eine einseitige Erklärung beziehe.[26] Nach wohl h. M. sprechen die systematische Stellung am Ende der Vorschriften über den Erbvertrag und der Vertragscharakter der Schenkung für eine Verweisung auf die Form des § 2276 BGB.[27]

cc) Ausnahme: Vollzug zu Lebzeiten des Schenkers

Wurde die Schenkung zu Lebzeiten des Schenkers vollzogen, bleibt es bei der Anwendung der Vorschriften über Schenkungen unter Lebenden, insbesondere besteht die Möglichkeit der Heilung auch nach dem Tod des Schenkers nach § 518 Abs. 2 BGB.

Unproblematisch liegt Vollzug i. S. des § 2301 Abs. 2 BGB vor, wenn der dingliche Rechtserwerb abgeschlossen ist, der Zuwendungsgegenstand also zu Lebzei-

---

[24] Vgl. hierzu bereits oben im Fall B. II. 2. b) aa).
[25] *Martinek/Röhrborn,* JuS 1994, 564, 565.
[26] MünchKommBGB/*Musielak,* 4. Aufl. 2004, § 2301 Rn. 13.
[27] Vgl. Palandt/*Edenhofer,* 68. Aufl. 2009, § 2301 Rn. 6.

ten des Schenkers übertragen wurde. Nach dem Regelungszweck des § 2301 Abs. 2 BGB soll es aber bereits genügen, wenn bei dem Schenker eine „sofortige und unmittelbare Vermögensminderung" eingetreten ist. Entscheidend ist, dass das Vermögensopfer noch beim Zuwendenden eintritt und nicht erst die Erben trifft.[28]

dd) Vollzug nach dem Tod des Schenkers mittels Hilfspersonen

Problematisch sind die Fälle, in denen der Schenker einen Dritten eingesetzt hat, die Schenkung nach seinem Tod zu vollziehen. Ob eine Heilung der formunwirksamen Schenkung nach dem Tod des Schenkers möglich ist, hängt davon ab, ob § 2301 BGB einschlägig ist oder die Regelungen über Schenkungen unter Lebenden anwendbar sind. Ist § 2301 BGB einschlägig, kann Vollzug nach dem Tod des Schenkers keine Heilung bewirken. Ansonsten kann der Vollzug nach § 518 Abs. 2 BGB auch noch nach dem Tod des Schenkers bewirkt werden.[29]

Hierbei sind zwei Konstellationen zu unterscheiden:

Konstellation 1: Die Hilfsperson wird vom Schenker zur Vollziehung der Schenkung eingesetzt und der Schenker stirbt (*ungeplant*) während des Vollzugs.

Konstellation 2: *Nach dem Willen* des Schenkers soll die Hilfsperson die Schenkung gerade erst nach dem Tod des Schenkers vollziehen.

aaa) Konstellation 1: Schenker stirbt ungeplant während Stellvertreter- bzw. Boteneinsatz

Beauftragt der Schenker einen Stellvertreter oder Boten mit der Überbringung des geschenkten Gegenstandes und stirbt er ungeplant, gleichsam zufällig, bevor der Auftrag ausgeführt ist, so ist § 2301 BGB nicht einschlägig. Ein Bezug zum Ableben des Schenkers besteht nicht: Weder liegt eine Befristung auf den Todesfall vor, noch steht die Schenkung unter einer Überlebensbedingung.

Sowohl das Schenkungsangebot als auch das Angebot zur Übereignung des geschenkten Gegenstandes können auch nach dem Tod des Schenkers nach § 130 Abs. 2 BGB wirksam übermittelt und vom Empfänger nach § 153 BGB, ggf. i. V. mit § 151 BGB, angenommen werden, wenn die Erben nicht rechtzeitig gegenüber dem Beschenkten den Widerruf erklären (§ 130 Abs. 1 S. 2 BGB).

bbb) Konstellation 2: Einsatz des Stellvertreters bzw. Boten gerade für den Fall des Todes

Beauftragt der Schenker die Hilfsperson gerade für den Fall seines Ablebens mit der Überbringung des Schenkungsangebots oder dem Vollzug der Schenkung, sind die

---

[28] *Brox/Walker*, Erbrecht, 23. Aufl. 2009, Rn. 744.

[29] Zu den unterschiedlichen Vollzugsbegriffen der § 518 Abs. 2 BGB und § 2301 Abs. 2 BGB vgl. bereits oben im Fall unter B. II. 2. b) bb).

C. Anmerkungen

Voraussetzungen des § 2301 Abs. 1 BGB erfüllt. Dabei ist zwischen dem Einsatz eines Stellvertreters und dem Einsatz eines Boten zu unterscheiden.

(1) Einsatz eines Stellvertreters: sog. postmortale Vollmacht

Obwohl die Voraussetzungen des § 2301 Abs. 1 BGB erfüllt sind, ist die Anwendbarkeit des § 2301 Abs. 1 BGB im Falle des Einsatzes eines *Bevollmächtigten* umstritten.

Nach einer in der Literatur vertretenen Ansicht soll § 2301 Abs. 1 BGB anwendbar sein, denn die Schenkung sei so ausgestaltet, dass sie sich wirtschaftlich erst nach dem Tod des Schenkers auswirke. Auch ein lebzeitiger Vollzug i. S. des § 2301 Abs. 2 BGB scheide aus, weil die bloße Erteilung einer Vollmacht selbst dann, wenn sie unwiderruflich erteilt wurde, die Verfügungsbefugnis des Erblassers zu Lebzeiten unberührt lasse. Das Vermögensopfer trete nicht bereits beim Erblasser ein, sondern erst bei dessen Erben, die nach dem Tod des Erblassers vom Bevollmächtigten vertreten werden.[30]

Nach Ansicht des BGH dagegen ist im Einzelfall durch Auslegung zu ermitteln, ob eine Überlebensbedingung i. S. des § 2301 Abs. 1 BGB vorliegt. Führt die Auslegung zu keinem eindeutigen Ergebnis, so soll entgegen der sonst großzügigen Handhabung dieses Tatbestandsmerkmals entsprechend dem Rechtsgedanken des § 2084 BGB „im Zweifel" keine Überlebensbedingung i. S. des § 2301 BGB vorliegen, damit dem Willen des Erblassers über die Möglichkeit der Heilung zum Erfolg zu verhelfen werden kann.[31] Die formunwirksame Schenkung kann nach Ansicht

---

Merke: Damit stellt sich der BGH im Falle der postmortalen Vollmacht im Zweifel auf die Seite des Erblassers und nicht auf die der Erben.

---

des BGH gemäß § 518 Abs. 2 BGB durch Vollziehung der Schenkung durch den Bevollmächtigten geheilt werden, dessen Vollmacht gegenüber den Erben fortwirkt (§§ 168 S. 1, 672 S. 1 BGB). Allerdings können die Erben die erteilte Vollmacht widerrufen (§ 168 S. 2 BGB) und auf diese Weise den Vollzug verhindern.

(2) Einsatz eines Boten gerade für den Todesfall

Soll ein *Bote* die Schenkung ausdrücklich erst nach dem Tod des Schenkers ausführen, so ist § 2301 Abs. 1 BGB nach einhelliger Ansicht anwendbar. Es stellt sich dann die Frage, ob die Einsetzung des Boten bereits einen lebzeitigen Vollzug der Schenkung i. S. des § 2301 Abs. 2 BGB darstellt und die Heilungsmöglichkeit

---

[30] *Bork*, JZ 1988, 1059.
[31] BGH NJW 1988, 2731.

nach § 518 Abs. 2 BGB eröffnet ist. Dies ist – wie auch bei der Vollmachtserteilung – abzulehnen, weil der Einsatz eines Boten kein lebzeitiges Vermögensopfer des Schenkers begründet.

(3) Problemfall: Bonifatius-Fall[32]

Der Klassiker im Zusammenhang mit dem Einsatz eines Boten durch den verstorbenen Schenker ist der sog. Bonifatius-Fall des RG.

Der Schenker, ein katholischer Priester, der mit seinem Ableben rechnete, setzte einen Boten ein, der dem Bonifatius-Verein Wertpapiere übergeben sollte. Noch während der Bote sich auf dem Weg befand, um die Papiere zu übergeben, starb der Schenker. Streitpunkt des Falles war, ob eine Schenkung i. S. des § 2301 Abs. 1 BGB vorlag, das Schenkungsversprechen also erst mit dem Tod des Schenkers wirksam werden sollte und unter der Bedingung stand, dass der Beschenkte ihn überlebte.

Das RG hielt § 2301 Abs. 1 BGB für anwendbar und sah entsprechend dem oben Gesagten folgerichtig im Einsatz des Boten keinen lebzeitigen Vollzug i. S. des § 2301 Abs. 2 BGB.

Dies wird in der Literatur vielfach als Fehlentscheidung kritisiert.[33] Dass der Schenker mit einem baldigen Ableben rechnet, sei nicht ausreichend für die Annahme, er habe die Schenkung nur für den Fall gewollt, dass er selbst verstirbt und der Bedachte ihn überlebt. Der Schenker habe es ebenso gut für möglich gehalten, dass die Schenkung vor seinem Ableben vollzogen werden würde. Daher sei der bevorstehende Tod nur das Motiv der Schenkung, nicht aber deren Bedingung gewesen. Danach wäre § 2301 BGB nicht anwendbar, es läge eine Schenkung unter Lebenden vor, die auch nach dem Tod des Priesters durch Vollzug gemäß § 518 Abs. 2 BGB geheilt werden konnte.

2. Vertrag zugunsten Dritter auf den Todesfall

Zuwendungen auf den Todesfall können auch durch Vertrag zugunsten Dritter auf den Todesfall begründet werden. Während die Anwendung des § 2301 Abs. 1 BGB auf das Deckungsverhältnis bereits deshalb abzulehnen ist, weil dieses keine Schenkung darstellt, ist umstritten, ob § 2301 BGB für die Schenkung im Valutaverhältnis gilt. Nach e. A. ist § 2301 BGB anzuwenden, da ansonsten die erbrechtlichen Formvorschriften unterlaufen würden. Die Rspr. und die hL gehen demgegenüber davon aus, der Gesetzgeber habe mit §§ 331, 328 BGB bewusst die Möglichkeit einer Zuwendung unter Lebenden neben § 2301 BGB geschaffen. § 331 BGB sei eine Sondervorschrift, die § 2301 BGB verdränge.[34]

Auf Lebensversicherungsverträge zugunsten Dritter ist § 2301 BGB nach allgemeiner Ansicht wegen des Vorrangs der §§ 150 ff. VVG nicht anwendbar.

---

[32] RGZ 83, 223 ff.
[33] *Martinek/Röhrborn*, JuS 1994, 473.
[34] Vgl. hierzu *Brox/Walker*, Erbrecht, 23. Aufl. 2009, Rn. 768.

The manufacturer's authorised representative in the EU is Springer Nature Customer Service Centre GmbH, Europaplatz 3, 69115 Heidelberg, Germany. If you have any concerns regarding our products, please contact ProductSafety@springernature.com

Printed and bound by CPI Group (UK) Ltd, Croydon, CR0 4YY

23/03/2026

02076395-0019